我之魂固若金汤，那抹蓝纯粹忧郁

意大利队

流年 编著

典藏版

直笔体育百科系列

北京时代华文书局

目 录

荣耀时刻   1
巨星榜   11
篇首语   45

第一章 阴影下的早期巅峰   51
    特殊的起源   52
    冠军与争议   55
    灾难的影响   58

第二章 "蓝衣军国"崛起之路   61
    第一次欧洲之巅   62
    微妙的"丑陋足球"   66

第三章 真正站上世界之巅   71
    横空出世的天才   72
    竟深陷赌球风波   76
    罗西的冠军舞台   80

第四章 这是忧郁的亚平宁   85
    这一刻英雄传承   86
    这一刻小试牛刀   89
    这一刻忧郁背影   93
    这一刻全新时代   99

第五章	防守足球盛世荣耀	103
	与冠军失之交臂	104
	"蓝衣军团"至暗时刻	108
	"银狐"时代登峰造极	115
第六章	顶峰之后摸索前行	125
	混乱中需要改变	126
	成为王朝的背景	131
	时代告别的浪潮	138
第七章	黑暗与光明并行	141
	被扔进万丈深渊	142
	深渊中艰难自救	145
	自救中再入深渊	151
	经典瞬间	157
	星光璀璨	179
	最佳阵容	198
	历任主帅及战绩	199
	历届大赛成绩	200
	历史出场榜	202
	历史进球榜	203

荣耀时刻

⚽ 1938年国际足联世界杯（简称"世界杯"）决赛，意大利队以4∶2的比分击败匈牙利队，成为历史上首支卫冕世界杯冠军的球队，吉诺·科劳西和希尔维奥·皮奥拉均上演了梅开二度的好戏。

意大利队决赛出场阵容（"433"阵形）：

门将：阿尔多·奥利维埃里

后卫：皮埃特罗·塞兰托尼、皮埃特罗·拉瓦、阿尔弗雷德·弗尼、乌戈·洛卡特利

中场：朱塞佩·梅阿查、米歇尔·安德雷奥洛、乔瓦尼·费拉里

前锋：吉诺·科劳西、希尔维奥·皮奥拉、阿梅多·比亚瓦蒂

2

⚽ 1982年世界杯决赛,意大利队以3:1击败联邦德国队。保罗·罗西在比赛第57分钟首开纪录,吹响了意大利队进攻的号角。意大利队历史第三次夺得世界杯冠军。

意大利队决赛出场阵容("532"阵形):

门将:1-迪诺·佐夫

后卫:4-安东尼奥·卡布里尼、6-克劳迪奥·詹蒂莱、5-弗尔维奥·科洛瓦蒂、7-加塔诺·西雷阿、3-朱塞佩·贝尔戈米

中场:13-加布里埃莱·奥里亚利、14-马尔科·塔尔德利、16-布鲁诺·孔蒂

前锋:20-保罗·罗西、19-弗朗西斯科·格拉齐亚尼(18-亚历山德罗·阿尔托贝利,7′、15-弗朗哥·考西奥,89′)

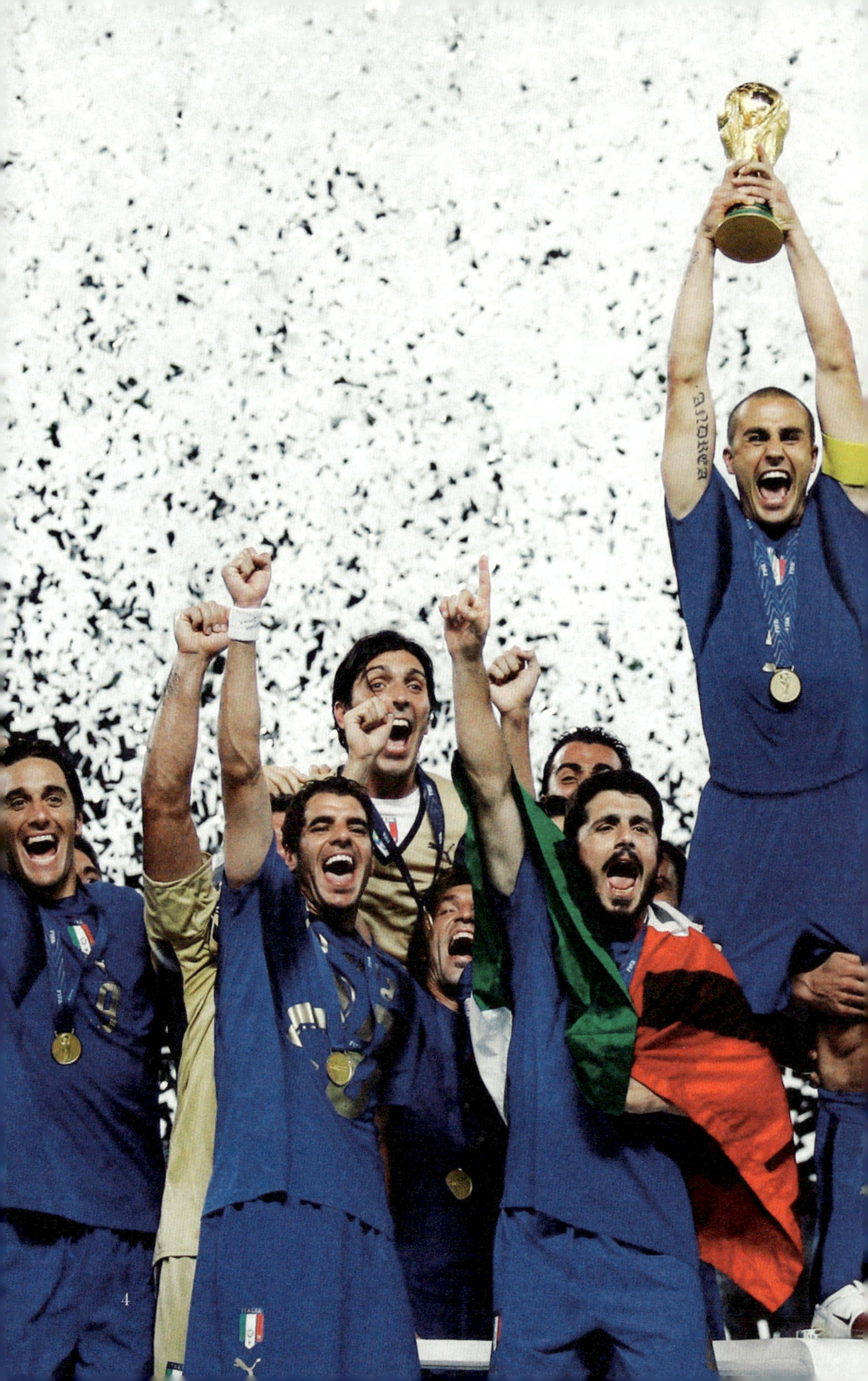

⚽ 2006年世界杯决赛,意大利队在90分钟内与法国队战成1∶1的平局,齐内丁·齐达内完成破门,马尔科·马特拉齐为意大利队扳平比分。加时赛下半场齐达内被红牌罚下,双方120分钟依然战平。点球大战中,意大利队以5∶3取胜。意大利队第四次捧起世界杯冠军奖杯。

意大利队决赛出场阵容("442"阵形):

守门员:1-詹路易吉·布冯

后卫:3-法比奥·格罗索、23-马尔科·马特拉齐、5-法比奥·卡纳瓦罗、19-詹卢卡·赞布罗塔

中场:20-西蒙尼·佩罗塔(15-温琴佐·亚昆塔,61′)、8-真纳罗·加图索、21-安德烈亚·皮尔洛、16-毛罗·卡莫拉内西(7-亚历桑德罗·德尔·皮耶罗,86′)

前锋:9-卢卡·托尼、10-弗朗西斯科·托蒂(4-达尼埃莱·德罗西,61′)

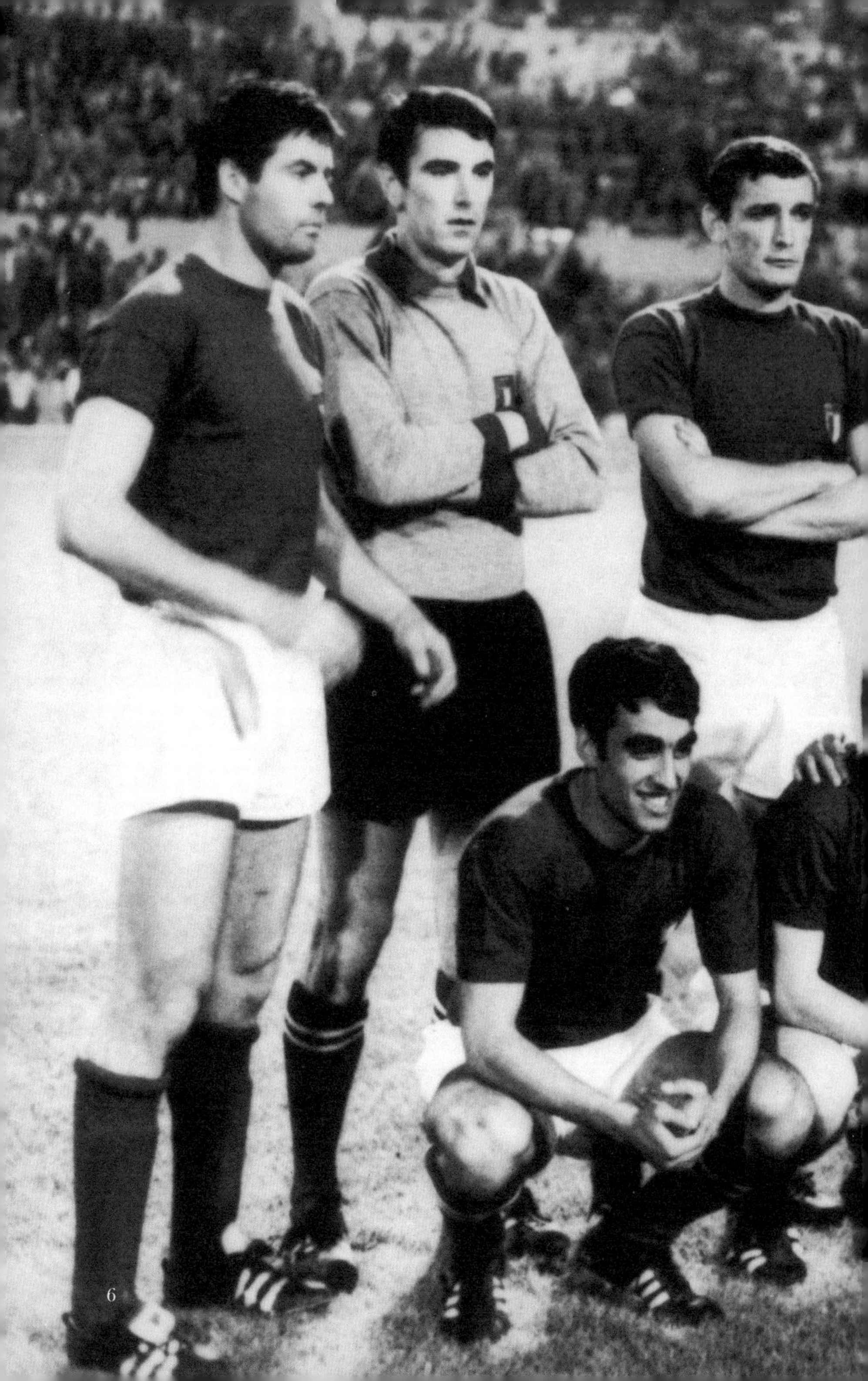

1968年欧洲足球锦标赛(简称"欧洲杯")决赛,意大利队在首战中与南斯拉夫队以1:1战平,根据当时的规则,双方只能进行重赛。第二场决赛,意大利队以2:0击败南斯拉夫队,首次夺得欧洲杯冠军。

意大利队第二场决赛出场阵容("352"阵形):

门将:22-迪诺·佐夫

后卫:12-阿里斯蒂德·瓜尔内里、20-桑德罗·萨尔瓦多雷、5-塔尔西斯奥·布尔尼什

中场:10-吉亚琴托·法切蒂、19-罗伯托·罗萨托、15-桑德罗·马佐拉、8-詹卡尔洛·德西斯蒂、9-安杰洛·多门吉尼

前锋:2-皮耶特罗·阿纳斯塔西、17-路易吉·里瓦

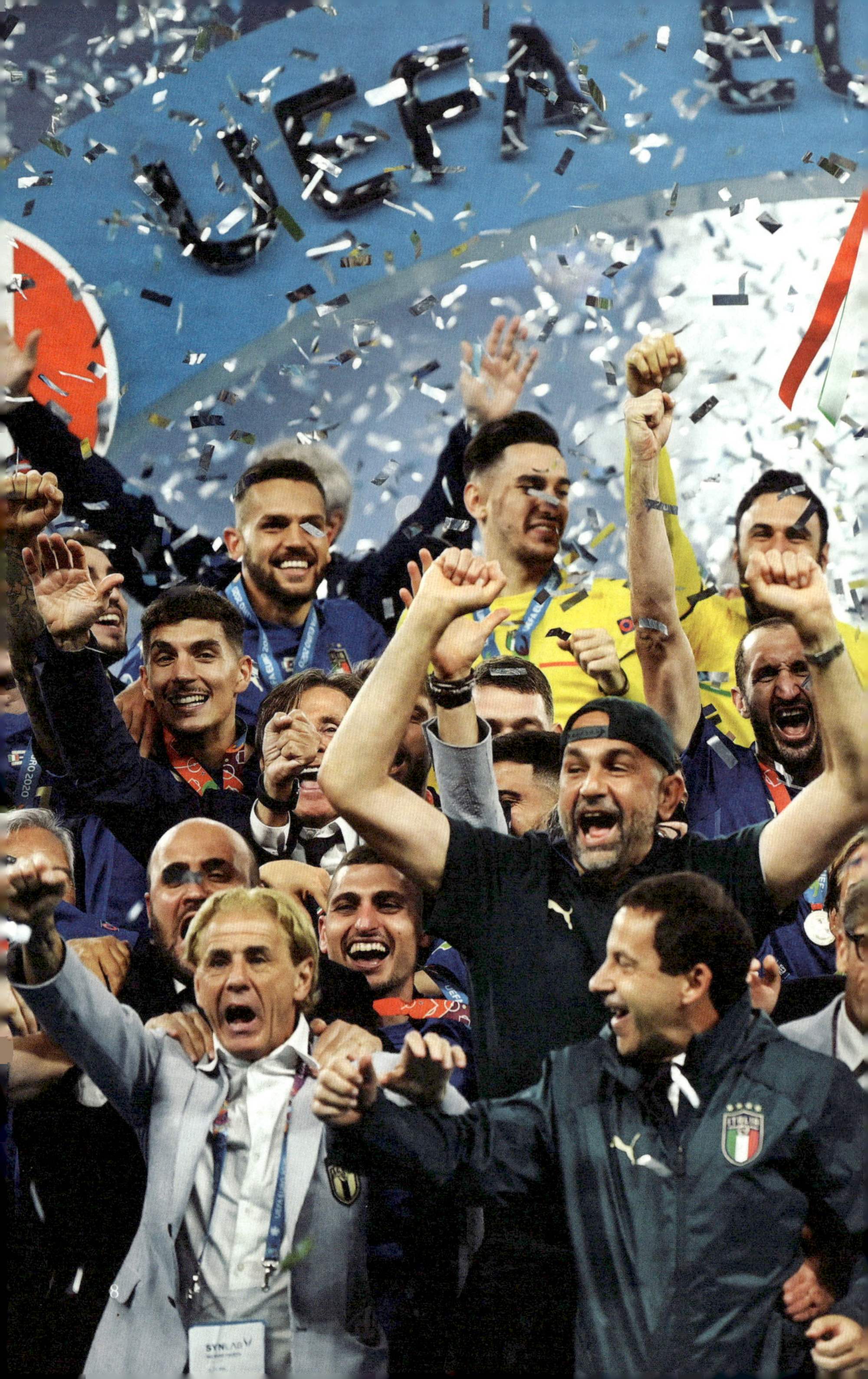
UEFA
SYNLAB

⚽ 2020欧洲杯决赛，意大利队在120分钟内与英格兰队战成1∶1，点球大战中双方总计罚丢5球，意大利队最终以3∶2险胜，球队历史第二次捧起欧洲杯冠军奖杯。

意大利队决赛出场阵容（"433"阵形）：

门将：21-詹路易吉·唐纳鲁马

后卫：13-埃默松·帕尔米耶里（24-亚历山德罗·弗洛伦齐，118′）、3-吉奥吉奥·基耶利尼、19-莱奥纳尔多·博努奇、2-乔瓦尼·迪洛伦佐

中场：18-尼科洛·巴雷拉（16-布莱恩·克里斯坦特，54′）、8-若日尼奥、6-马尔科·维拉蒂（5-曼努埃尔·洛卡特利，96′）

前锋：10-洛伦佐·因西涅（9-安德雷亚·贝洛蒂，90′）、17-奇罗·因莫比莱（11-多梅尼科·贝拉尔迪，55′）、14-费代里科·基耶萨（20-费德里科·贝尔纳代斯基，86′）

10

巨星榜

姓名：罗伯托·巴乔

出生日期：1967年2月18日

主要球衣号码：15号、10号、16号、18号

国家队数据：56场27球

个人荣誉：1次世界足球先生，1次金球奖

"忧郁王子"

　　他是1990年世界杯上的天才少年，彰显了无限天赋；他是1994年世界杯上意大利队的核心，在点球大战中留下让世界心疼的落寞背影；他将金球奖、世界足球先生这样的殊荣，收入囊中……他，就是巴乔，一个集才华与能力于一身，却有点悲情色彩的超级英雄。

　　巴乔在1988年完成在意大利队的处子秀。23岁的他随队出征1990年世界杯，此时的巴乔虽然不是球队主角，却绽放了耀眼的光芒。那时的他，青春洋溢，充满了无畏与自信。在小组赛的最后一场比赛中，巴乔犹如一道闪电划破天际，与队友配合后长途奔袭打入一球。这一球不仅震撼了全场的观众，更被评选为1990年世界杯中的最佳进球，也正式向世界宣告，意大利队将迎来属于巴乔的时代。

　　从那一刻起，意大利队的未来注定将因这个年轻人的崛起而更加辉煌。当1994年世界杯如约而至，巴乔开始了他梦幻的表演。小组赛的进程波澜不惊，淘汰赛便成为巴乔的舞台。1/8决赛，意大利队对阵尼日利亚队，意大利队仅有10人作战且比分落后怎么办？巴乔挺身而

13

出,在第88分钟扳平比分,然后他又在加时赛中再度破门完成奇迹逆转;1/4决赛,意大利队对阵西班牙队,西班牙队进攻犀利怎么办?巴乔梅开二度,率队2:1战胜对手。

　　一路过关斩将,巴乔率领意大利队晋级决赛,决战巴西队。双方一直将0:0的比分延续到点球大战。回首整个征程,巴乔无愧于意大利队的"超级英雄"称号,但是最终"超级英雄"前面加上了"悲情"二字。

　　与巴西队的点球大战,让人窒息。当巴乔助跑之后,球高出横梁,此时巴乔的世界仿佛突然安静了,因为在这之后,巴西队将开始肆意地庆祝,而意大利队只能接受亚军的结果。看着巴乔落寞的背影,可以想象他的脸上写满的一定是失落与怅然。

有那么一刻，巴乔距离世界杯冠军如此之近，可却又如此之远。他只能默默地接受这个令人心碎的结果，品味那份酸楚与无奈，从此"忧郁王子"的称号也传遍天下。再回顾巴乔的整个职业生涯，其实喜欢他的球迷，也都会因为他身上这抹悲情色彩而更加喜欢他，这就是巴乔独特的魅力所在。

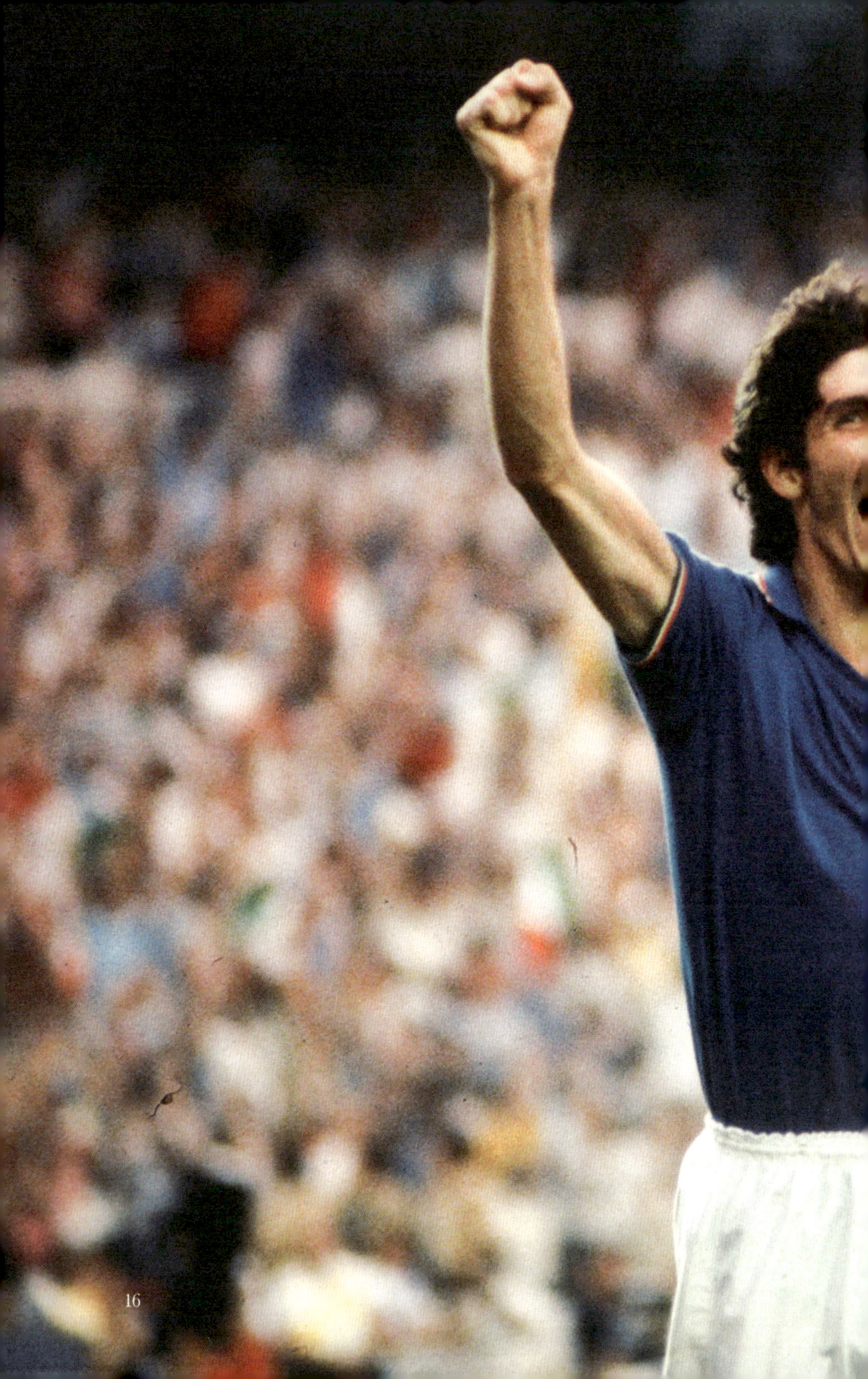

姓名：保罗·罗西

出生日期：1956年9月23日

主要球衣号码：21号、20号

国家队数据：48场20球

个人荣誉：1次金球奖

18

永远的"金童"

几乎每一支世界足坛的豪门球队，都拥有着自己的"金童"，意大利队也不例外。这支球队诞生过太多的天才球员，但是最伟大的"金童"，永远属于那一个名字——保罗·罗西。

1978年，不到22岁的罗西，第一次跟随意大利队征战世界杯，他打进3球，并入选了当届世界杯最佳阵容。此时的罗西意气风发，是天之骄子。他的表现就像一把尖刀，能够凌厉地刺向对方，这也让意大利队看到了未来的无限光明。

可是1980年，罗西被卷入意大利联赛的假球丑闻，尽管他坚持自己并不知情，但还是被意大利足协处以禁赛两年的处罚。此时的罗西萌生退意，甚至一度想要离开意大利。但是在队友和教练的支持下，罗西选择留下来。禁赛解除之后，状态不佳的罗西依然被征召参加1982年世界杯。

罗西在小组赛阶段表现平平，但在淘汰赛阶段，他的状态迅速回升，接连在对阵巴西队、波兰队和联邦德国队的比赛中取得进球，并且帮助意大利队赢得了最终的冠军，打入6球的罗西也荣膺世界杯最佳射手。

当举起奖杯的那一刻，罗西喜笑颜开，禁赛没有击败他，反而让他变得更加强大。如果当时的教练没有信任罗西，或许1982年的世界杯冠军就不属于意大利队。

20

姓名：法比奥·卡纳瓦罗

出生日期：1973年9月13日

主要球衣号码：2号、4号、13号、5号

国家队数据：136场2球

个人荣誉：1次金球奖、1次世界足球先生

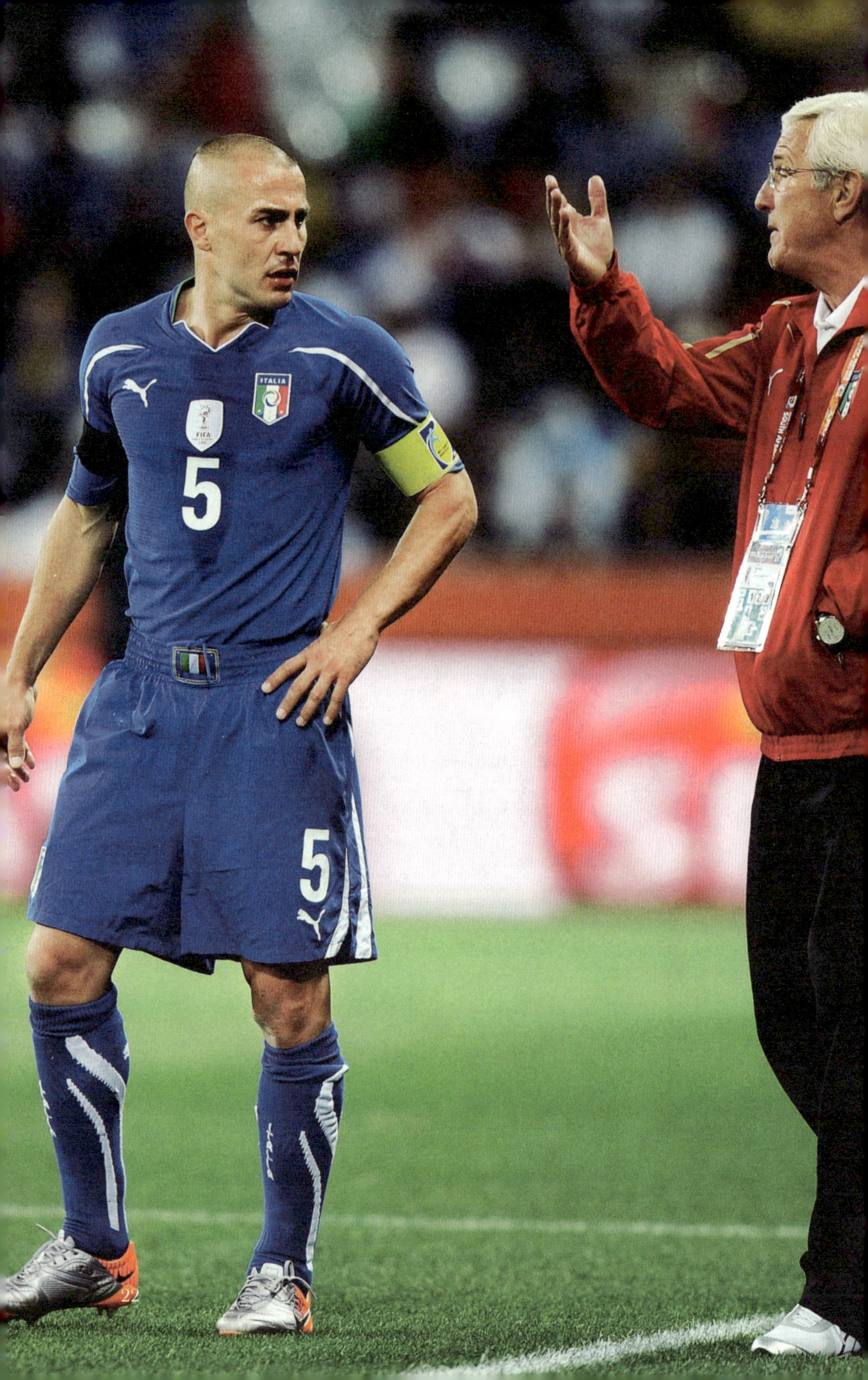
ITALIA
5
FIFA
5

"金球"后卫

绿茵场上，最激动人心的事情是进球，最散发耀眼光芒的位置是前锋。然而，2006年，国际足坛最重要的两个个人奖项都被授予了同一名后卫球员——法比奥·卡纳瓦罗。

2006年，卡纳瓦罗第三次参加世界杯。在前两次的世界杯上，卡纳瓦罗的表现已经非常出色。1998年世界杯，卡纳瓦罗在被对手撞破额头的情况下，轻伤不下火线，接受了简单的治疗后，便以头缠纱布的形象打完了余下的比赛。2002年世界杯，卡纳瓦罗用出色的表现，让意大利队的防守固若金汤，然而裁判的"黑哨"却宣告了意大利队的出局。

2006年世界杯，意大利队绝对不是夺冠的热门球队，但是卡纳瓦罗领衔的意大利队防线，足以应对各种各样的风险。一路之上，他和队友奋力守住禁区，7场比赛中，意大利队只有两场比赛被对手进球。而2006年世界杯决赛，刚好也是卡纳瓦罗的第100场国家队比赛，他和意大利队都在这场意义非凡的比赛中收获了想要的结果。

凭借在2006年世界杯上的优异表现，卡纳瓦罗在这一年获得了金球奖和世界足球先生两项荣誉。一名进攻破坏者可以击败诸多进攻创造者，卡纳瓦罗的表现有多么出色，已经不言而喻。

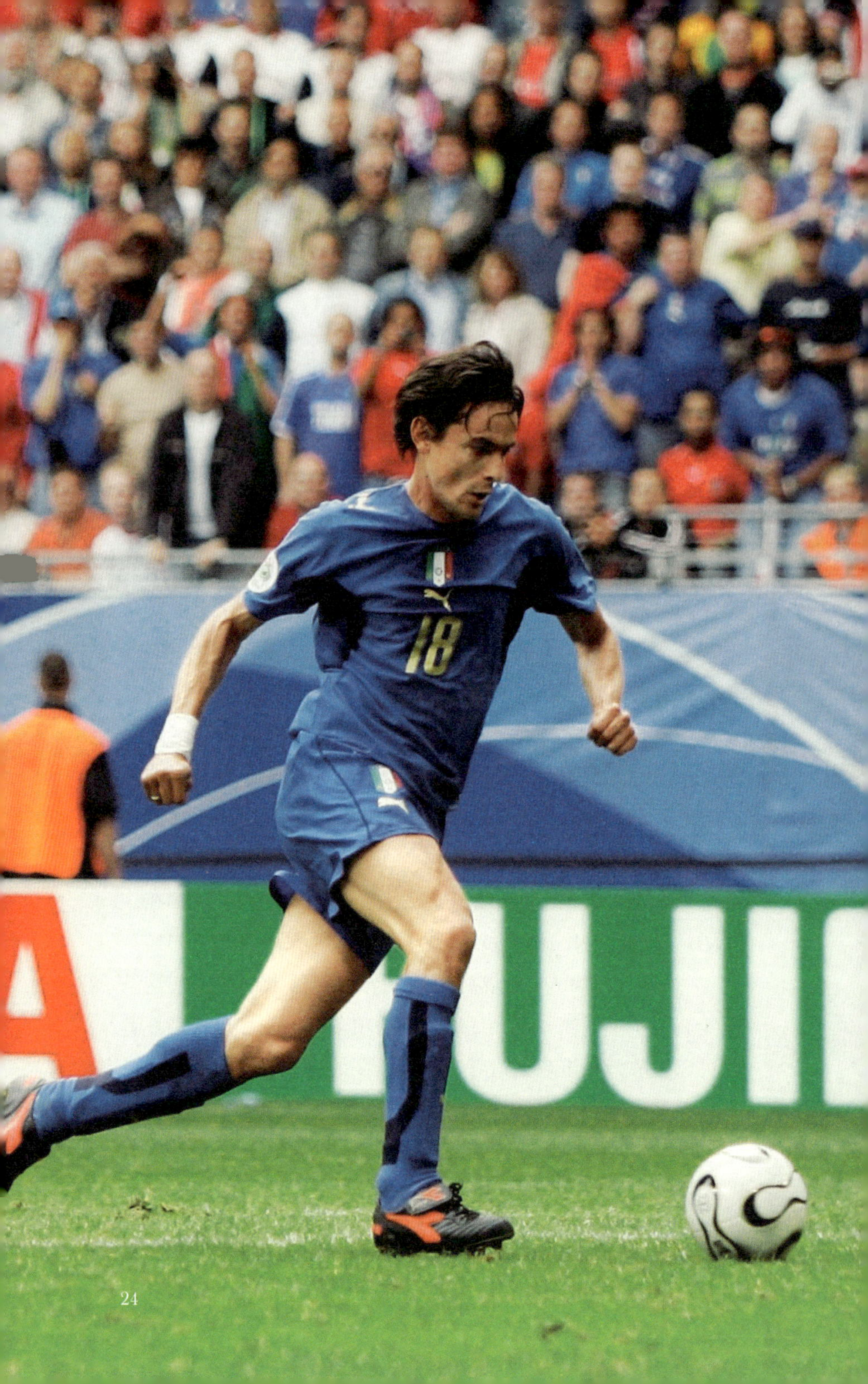

姓名：菲利波·因扎吉

出生日期：1973年8月9日

主要球衣号码：16号、19号、17号、11号、10号、18号、9号

国家队数据：57场25球

"超级皮波"

他是活跃在越位线上的一道鬼魅身影，总是能让对方后卫陷入苦恼；他是意大利队球迷口中的"超级皮波"，总是能在球队陷入困境时挺身而出；他是意大利队不可或缺的一部分，只要他站上球场，总能给予球迷最精彩的表演。他，就是菲利波·因扎吉。

年少成名的因扎吉凭借在俱乐部的出色表现，入选意大利队。在1998年世界杯上，他仅有两次替补登场，却贡献了高光时刻，他助攻帮助队友巴乔在小组赛中绝杀了奥地利队。那一刻的辉煌，犹如繁星点缀在因扎吉的职业生涯中。

到了2002年世界杯预选赛，因扎吉已成为意大利队成功晋级的关键人物。他出战6场，打入7球，这背后是他在尤文图斯队积攒的丰富经验和自信。但是属于因扎吉在意大利队的精彩表演，其实并不多。

27

日后的世界大赛，因扎吉更多的都是替补出战。直至2006年世界杯，因扎吉才在与捷克队的小组赛中，收获了自己的世界杯首球，也是唯一的世界杯进球。但是幸运的是，因扎吉和意大利队夺得了最后的冠军。即便他多数时间都作为替补球员，但是因扎吉还是代表意大利队出战57场、打入25球，这已经足以证明他的价值，他是意大利队球迷心中永远的传奇。

　　因扎吉在俱乐部的高光时刻，要比在意大利队多很多。2006年，因扎吉就为AC米兰队夺得欧洲冠军联赛（简称"欧冠"）冠军，立下汗马功劳。

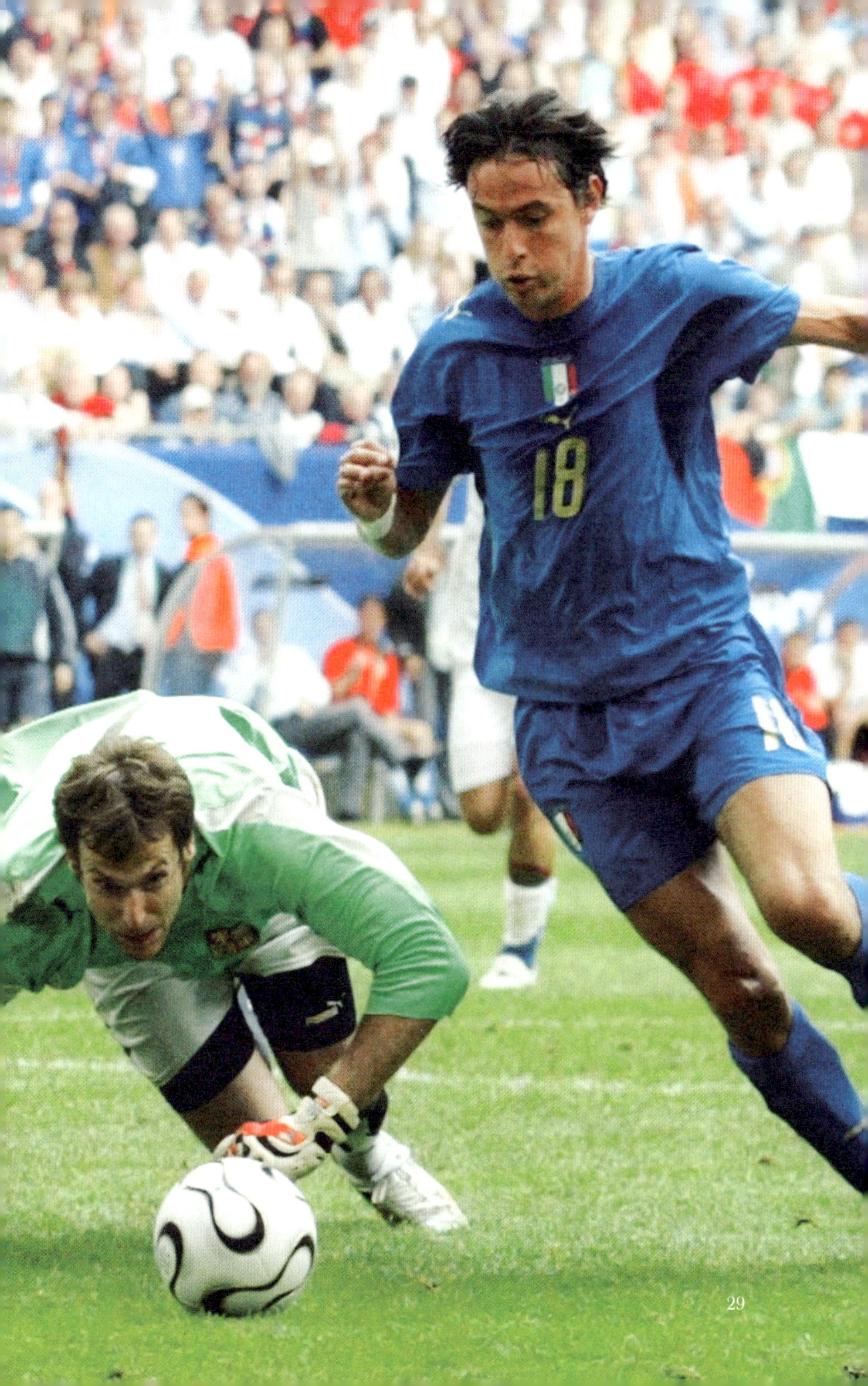
18

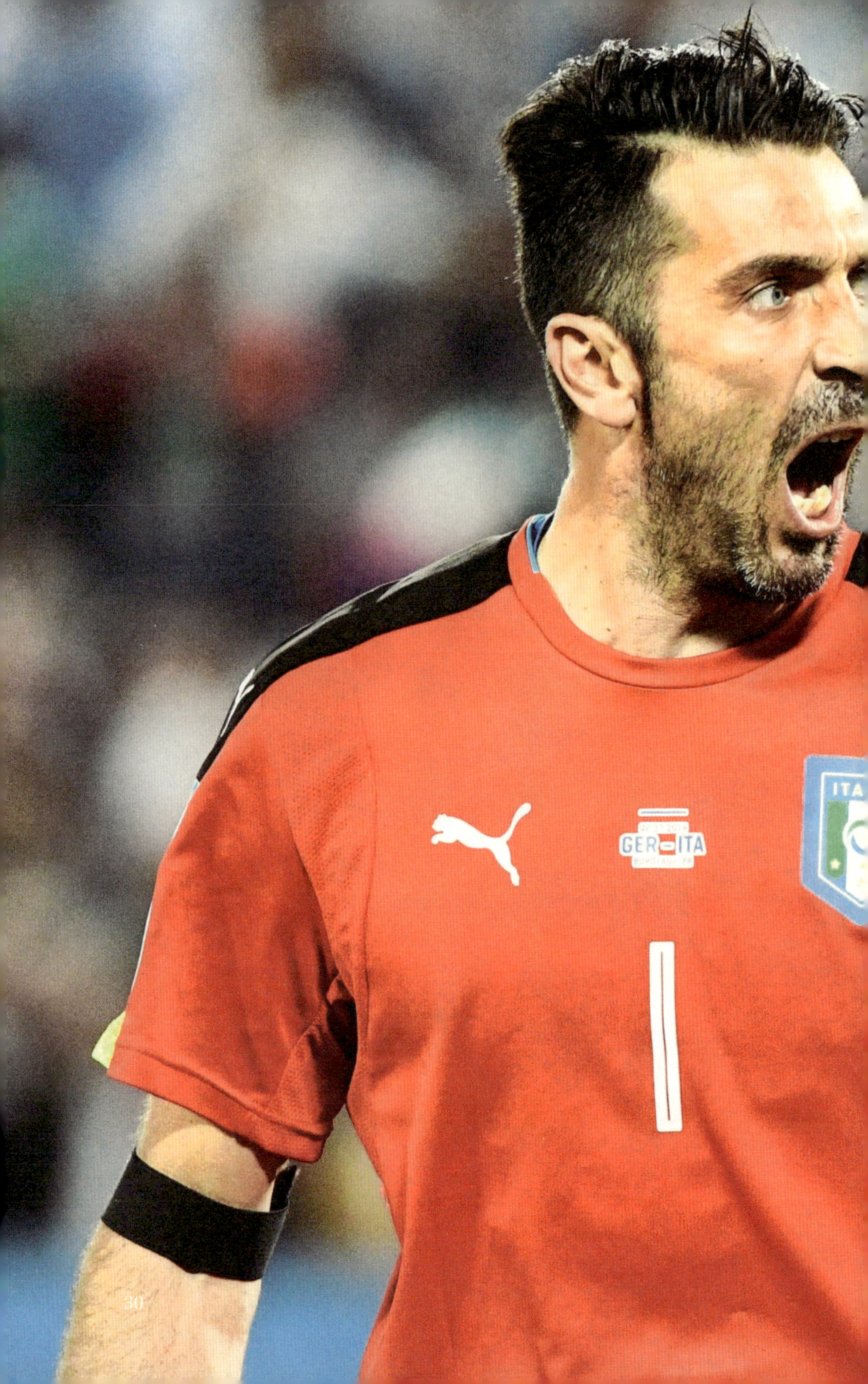
GER-ITA

姓名：詹路易吉·布冯

出生日期：1978年1月28日

主要球衣号码：22号、12号、1号

国家队数据：176场

传奇"门神"

　　他是意大利队的天才门将，年纪轻轻就创造了纪录；他是意大利队的冠军"门神"，2006年世界杯，他只让齐达内尝到了破门的滋味；但他更是一名永不服输的"小将"，当他在45岁选择退役之时，他给世界足坛留下的是一幅美丽的"长跑画卷"。他，就是詹路易吉·布冯，一位不折不扣的传奇"门神"。

　　1997年，19岁的詹路易吉·布冯上演了他在意大利队的首秀。那一刻，历史犹如翻开了新的一页，布冯的传奇生涯已然开启。然而，命运似乎与布冯开了个玩笑。在1998年世界杯和2000年欧洲杯上，他或因替补，或因受伤，未能在国际大赛（世界杯与欧洲杯）中一展身手。

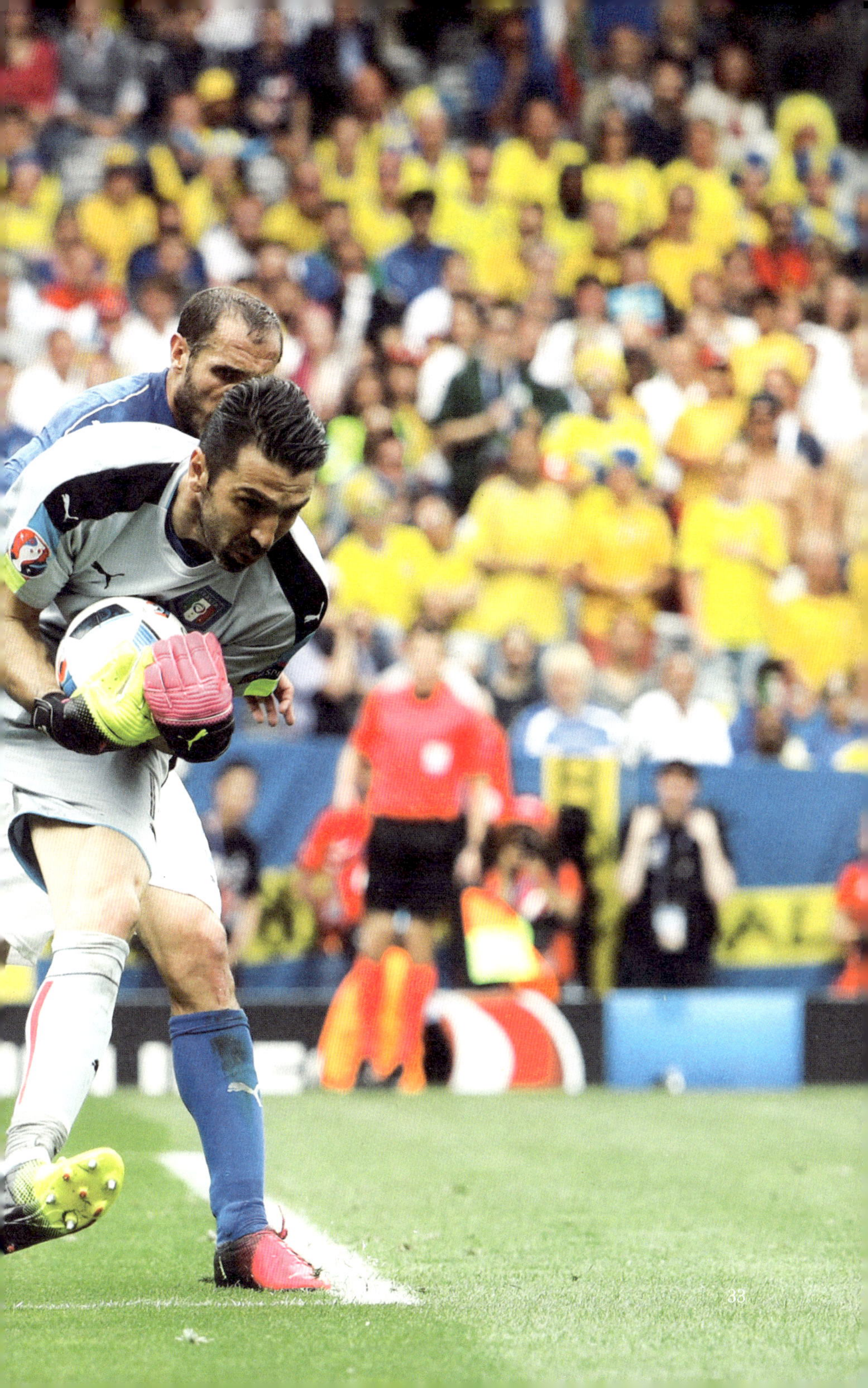

直至2002年世界杯，布冯终于坐稳了主力门将的位置，这本应是他展翅高飞的时刻，却不料意大利队遭遇了裁判的争议判罚，早早在1/8决赛中折戟。然而，布冯并未因此气馁。时隔四年，他的巅峰时刻终于到来。

2006年世界杯，他与队友并肩作战，在决赛前的6场比赛中完成了5场零封，仅有的一场失球还是源自队友的乌龙球。决赛中，意大利队迎战法国队，布冯把守的球门虽被齐达内的点球攻破，但此后布冯愈战愈勇，帮助意大利队通过点球大战夺得冠军，他个人也荣获了象征世界杯最佳门将的雅辛奖。

那一刻，是布冯在意大利队的生涯巅峰，而属于布冯职业生涯的巅峰期，还会绵延许久。只可惜意大利队整体的状态低迷，

让布冯增加了很多遗憾。当意大利队无缘2018年世界杯时,布冯的泪水难以抑制,他带着遗憾宣布退出意大利队。

在俱乐部赛场上,布冯为尤文图斯队效力长达19年,他为球队带来了322场零封的辉煌纪录。当2023年布冯选择退役的时候,他已经45岁了,可是人们还是愿意尊称他为"小将"。

这位现代足球历史上最伟大的守门员之一,将永远被镌刻在足球史册中。

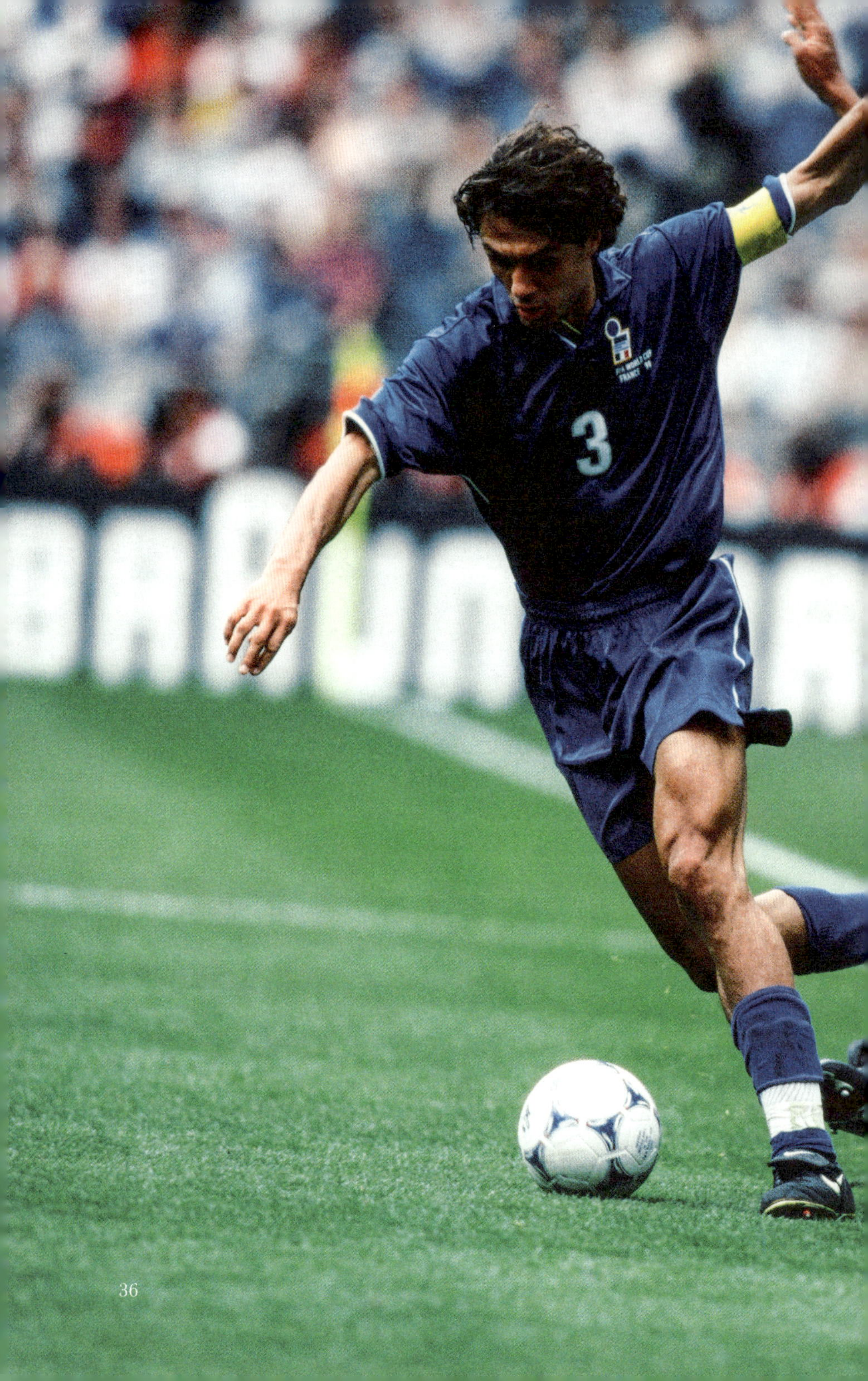
3

姓名：保罗·马尔蒂尼

出生日期：1968年6月26日

主要球衣号码：13号、8号、7号、5号、6号、3号

国家队数据：126场7球

全能后卫

意大利队从不缺乏优秀的后卫，而若问谁是意大利足球历史上最伟大的后卫球员，保罗·马尔蒂尼是当仁不让的人选。1988年欧洲杯，当时不满20岁的马尔蒂尼已经成为球队的主力球员，并帮助意大利队闯进了半决赛。

1994年世界杯，在弗朗哥·巴雷西因伤缺席的情况下，26岁的马尔蒂尼带领队友重新筑起了坚实的防线，帮助意大利队闯进了决赛。2000年欧洲杯，32岁的马尔蒂尼改踢中卫，表现依然稳定且出色，帮助意大利队再次晋级决赛，但就像前两次一样，意大利队还是留下了遗憾。

在这三届国际大赛中，马尔蒂尼的个人表现都很出色，这充分证明了他在后卫线上的全能实力。意大利队的表现其实也很不错，但运气没有站在马尔蒂尼和意大利队这一边，这让马尔蒂尼的国家队生涯只能以遗憾结尾。

虽然在国家队的赛场上留下了遗憾，但马尔蒂尼在后卫线上的实力得到了充分的体现。无论是传承"伟大的左后卫"的进攻精神，还是像传统中卫一样限制对方前锋的发挥，马尔蒂尼做得都很出色，这使得像罗纳尔多等同时代的优秀前锋也对马尔蒂尼的能力赞不绝口。

AC米兰队也因为马尔蒂尼而受益。自1984年效力于AC米兰队起，马尔蒂尼为球队带来了5座欧冠奖杯和7座意大利足球甲级联赛（简称"意甲"）奖杯，其整个职业生涯"一人一城"的故事，更是成为足坛佳话。这份对AC米兰队的忠诚，包括在意大利队的无私奉献，都让马尔蒂尼在意大利足坛获得了崇高的地位和普遍的尊重，这可能是比冠军奖杯更难得的。

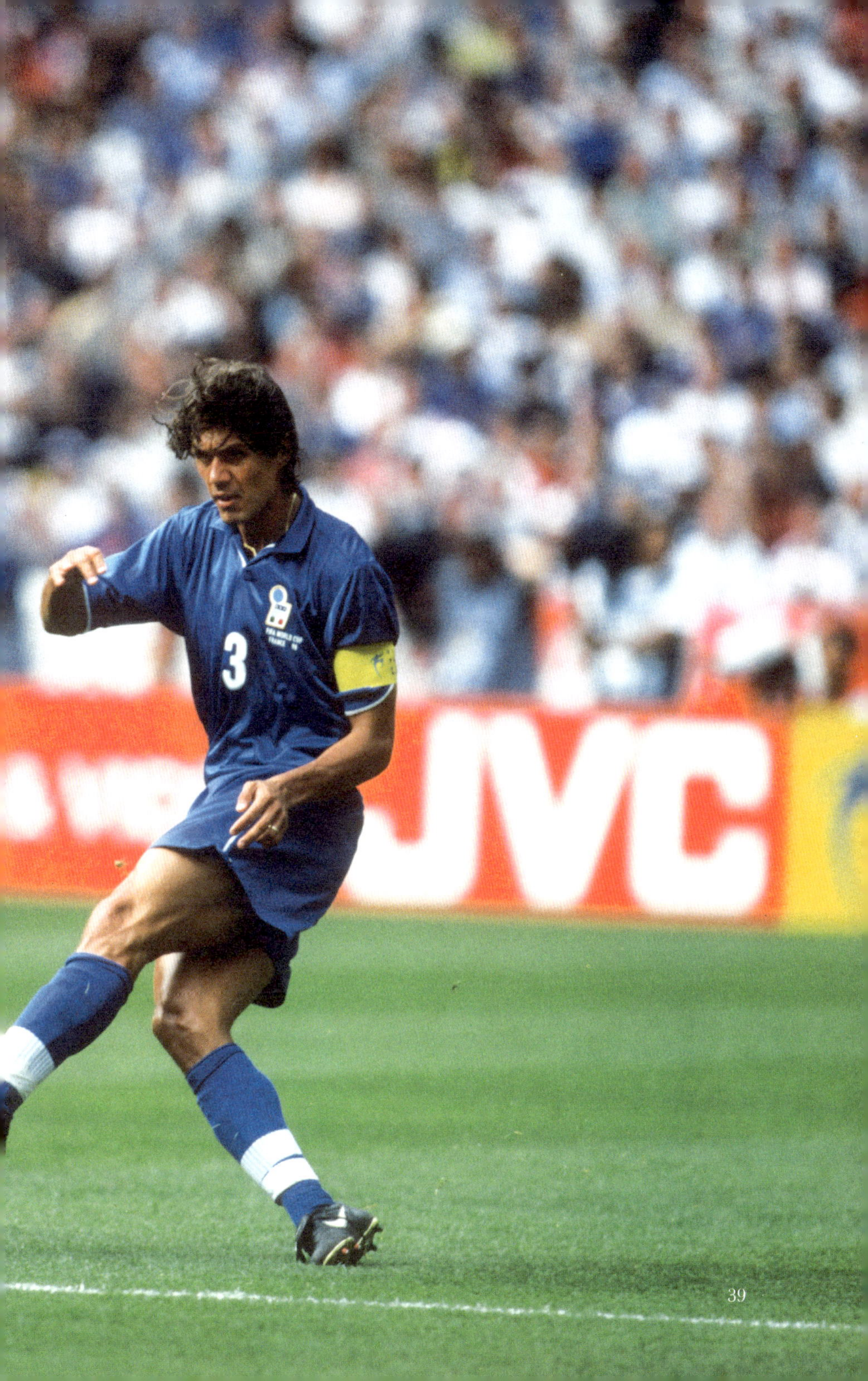
JVC
3

40

姓名：安德烈亚·皮尔洛

出生日期：1979年5月19日

主要球衣号码：17号、10号、16号、8号、10号、21号

国家队数据：116场13球

中场大师

意大利队有着出色的后卫以及伟大的前锋,这似乎让中场球员的光芒黯淡了不少。但是不要忘记,意大利队拥有一位中场大师——安德烈亚·皮尔洛。

2000年,意大利U21队夺得了当年的欧洲U21足球锦标赛冠军,在那一届锦标赛上,皮尔洛大放异彩。作为队长,他包揽了代表着赛事最佳球员的金球奖和代表着最佳射手的金靴奖。这在很大程度上就意味着皮尔洛就是同年龄段里最具进攻才华的球员。

但在此之后,在皮尔洛漫长的意大利队职业生涯中,他为球队出战116场,却仅打进了13球,和当年欧洲U21足球锦标赛中的皮尔洛判若两人。

这一切都源自那次经典的"前腰后置"。

2001年,AC米兰队将年轻的皮尔洛收入麾下,但当时的AC米兰队在进攻端人才济济,根本没有年轻的皮尔洛的栖身之地。外界普遍认为皮尔洛不适合当时的AC米兰队,但主教练卡尔洛·安切洛蒂没有就此放弃,他将本是前腰的皮尔洛改造为了后腰。

自此之后,皮尔洛便走向了一条通往顶级后腰的道路。皮尔洛在后腰的位置上尽情挥洒着自己在组织进攻时的优势和才华。两座欧冠冠军奖杯是皮尔洛为AC米兰队送上的大礼,转会至尤文图斯队后,哪怕皮尔洛的年龄渐长,他的表现也依旧出色。

当然,皮尔洛也没有落下意大利队。2006年世界杯,皮尔洛在后腰位置上犹如将军一般,调兵遣将,指挥进攻,最终帮助意大利队夺得冠军。如果没有位置上的变化,没有人知道皮尔洛的未来将何去何从,但皮尔洛自己很清楚,金子在哪里都会发光。

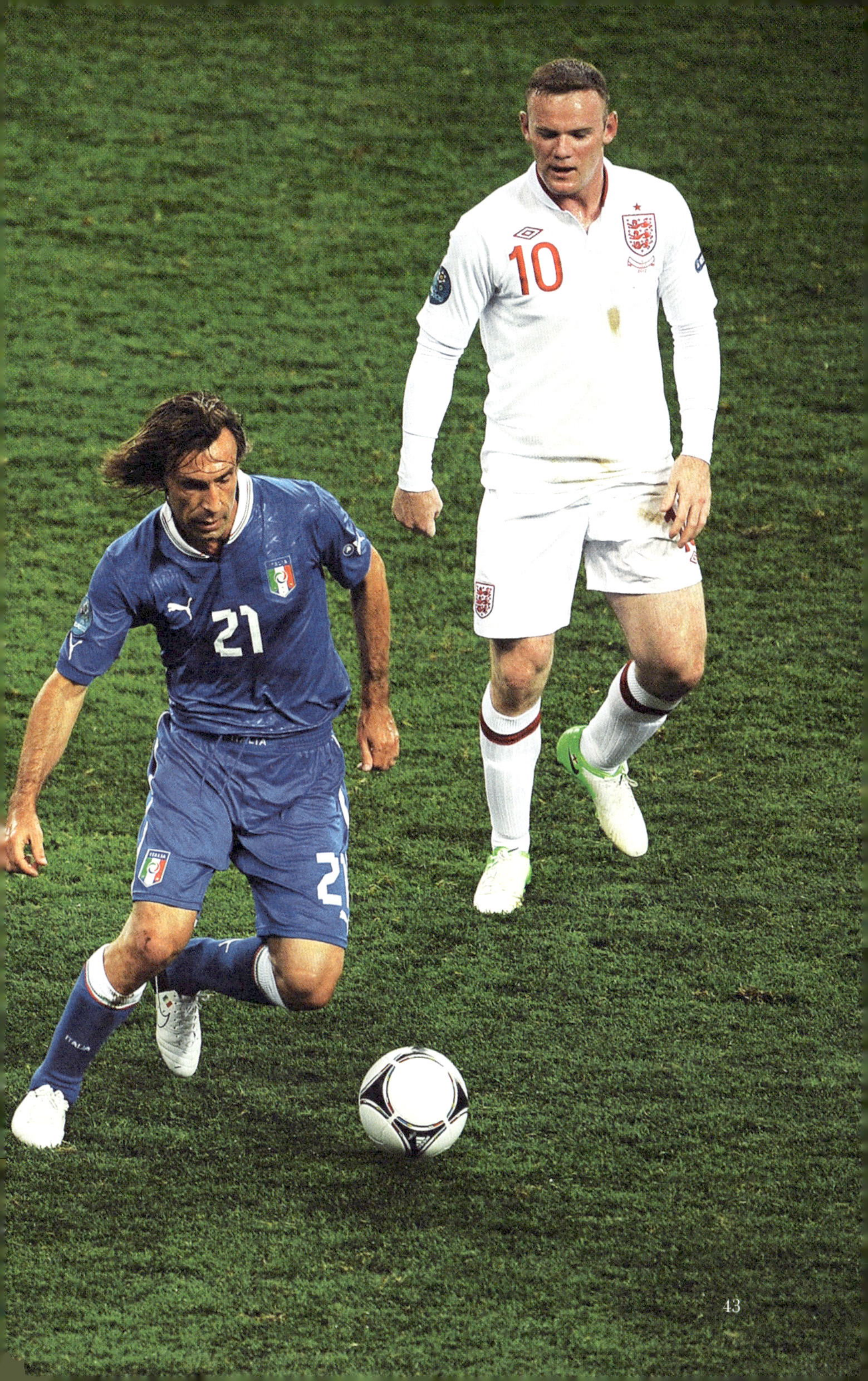
21
10

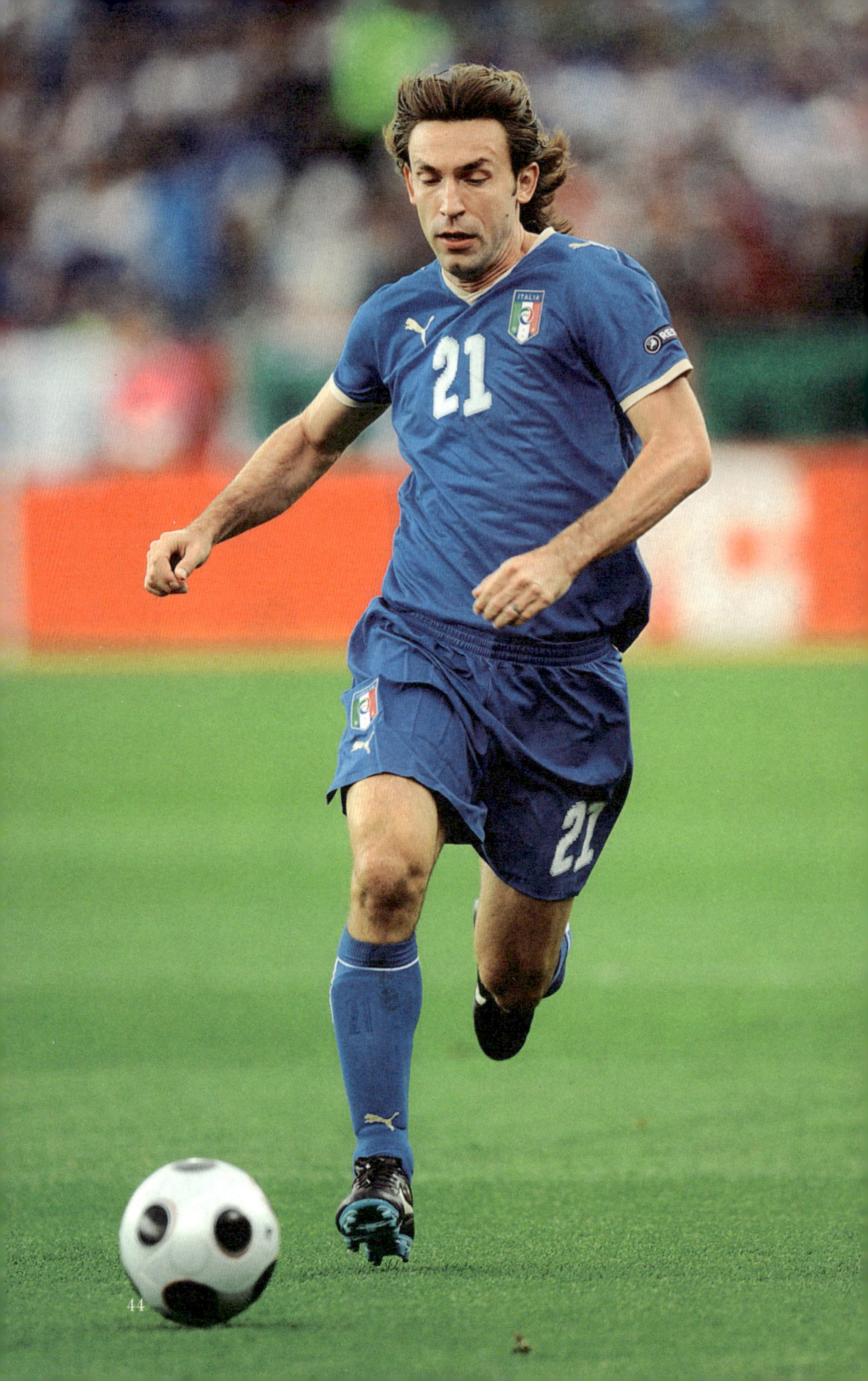
ITALIA
21
21

篇首语
难解的意大利足球情缘

意大利传奇教练马尔切洛·里皮有一句经典的名言:"胜利才能带来美感,其他的都只是酒吧里的闲谈罢了。"意大利传奇球星安德烈亚·皮尔洛也有类似的观点:"无论比赛是否精彩,能不能赢才是最重要的。"

从里皮到皮尔洛,其实传达的是意大利足坛一以贯之的观点:结果至上,要尽一切可能去赢得比赛。这也直接导致意大利足球的风格形成——防守才是王道。这样的观点、这样的风格成就了如今的意大利队,也让意大利队在世界足坛独树一帜,拥有亿万拥趸。

意大利队连续无缘2018年和2022年世界杯,伤透了全世界意大利队球迷的心。没有人能够想到,世界杯上缺少了意大利队会是怎样的情景,可是这个景象却接连发生。但是意大利队足球的奇妙之

意大利队

处就是在低谷之时又能给你惊喜。

2020欧洲杯，意大利队在不被外界看好的情况下，一路过关斩将，披荆斩棘，最终战胜英格兰队，从而让意大利队在2006年之后再获国际大赛的冠军奖杯。这场胜利的背后，是意大利足球对于防守与进攻的完美结合，也是新一代球星的闪耀时刻。

费德里科·基耶萨的速度、詹路易吉·唐纳鲁马的敏捷、尼科洛·巴雷拉的才华，都在这届欧洲杯被体现得淋漓尽致。

回溯历史，2006年世界杯是意大利足球的又一个巅峰时刻。意大利队在决赛中点球大战击败法国队，第四次捧起世界杯冠军奖杯。这一届世界杯，意大利队群星璀璨，詹路易吉·布冯在门将位置上"一夫当关，万夫莫开"；卡纳瓦罗用精准的预判和稳健的步伐，阻挡着对手的一次次进攻；皮尔洛则在中场区域运筹帷幄，指点江山；亚历桑德罗·德尔·皮耶罗和弗朗西斯科·托蒂在前锋线上为意大利队攻城拔寨，打开了胜利之门。

最重要的，当然还是里皮。里皮用智慧与经验引领球队前行，为意大利队的辉煌谱写了华美的篇章。

这样的成功之前，意大利队也经历了无尽的痛苦。

1994年世界杯，罗伯托·巴乔与意大利队共同书写了一段令人心醉神迷的绿茵故事。在那届世界杯上，意大利队以顽强的防守和出色的技术实力，展现了意大利队的传统魅力。巴乔作为灵魂人物，用进球和助攻为球队带来了无尽的希望和动力。在淘汰赛中，巴乔更是屡次挺身而出，用精湛的技艺带领球队屡屡闯关。

然而，命运却在决赛中给巴乔和意大利队开了一次残酷的玩笑。在点球大战中，巴乔错失了关键的一球，让意大利队与冠军失之交臂。那一刻，巴乔的背影充满了失落和遗憾，但他依然坚强地挺立在球场上，展现出了意大利队球员的意志和勇气。

这份意志和勇气，是保罗·罗西留下来的。

1982年世界杯，意大利队展现出了无与伦比的团队精神和竞技状态，最终成功夺得世界杯冠军。保罗·罗西作为球队的核心，用敏锐的洞察力和精湛的射术，为球队贡献了宝贵的进球。

在决赛中，意大利队凭借着罗西的进球和团队的默契配合，成功击败了联邦德国队，夺得了世界杯冠军。那一刻，罗西和意大利队的身影仿佛与亚平宁半岛的壮丽风景融为一体，成为意大利足球历史上最辉煌的篇章之一。

然而，意大利队的前两座世界杯冠军奖杯却有着不为人知的历史。

1934年和1938年的世界杯，既是意大利队历史上的辉煌时期，也是贝尼托·墨索里尼政权下的复杂历史时期。球员在比赛中不仅

意大利队

要面对强大的对手,还要承受来自墨索里尼和法西斯政权的巨大压力。球员的每一次出场和每一次进球,都不仅仅是为了国家和民族的荣誉,更是为了维护墨索里尼的法西斯统治。

这段历史不仅让人们看到了意大利足球的辉煌和荣耀,更让人们深刻理解了政治与体育的复杂关系以及历史背景下的人性挣扎与抉择。

这种对于比赛结果的极度重视,催生出了意大利足球的阴暗一面。

20世纪80年代,两次赌球事件沉重地打击了意大利队。

一个餐厅的老板就能组织起一个庞大的赌球网络,牵扯出数个俱乐部、数十个高级管理人员和球星,如果不是餐厅老板赌输了,这样的事情还要影响多少场比赛?

就在意大利队备战2006年世界杯期间,"电话门"事件同时被曝光。

一个个知名的高级管理人员和本该恪守客观中立原则的裁判沆瀣一气,这不仅让意大利的足球产业再次背上恶名,更是让球迷的喜怒哀乐都变成了笑话。这也正是事物的两面性。

从理论上来说,意大利队不应该有这么多球迷,但是这支队伍却深受中国球迷喜爱。随着电视机逐渐走入寻常百姓的家庭,

篇首语

1994年意大利世界杯成为很多中国球迷第一次在电视直播上收看的足球赛事，而意大利队在那届世界杯上的精彩表现深深吸引了中国球迷。

1994年世界杯结束之后，意甲也成为中国球迷每周必看的足球节目，当时被誉为"小世界杯"的意甲精彩纷呈，从球星到俱乐部，从教练到战术打法，都成了中国球迷在茶余饭后的热点话题。

从那时起，意大利足球在中国的影响力逐渐扩大，吸引了越来越多的球迷。

一种特殊情缘，就注定了意大利足球与中国球迷之间的感情深厚。在进入21世纪以后，世界足坛的战术打法发生了很多变化，而意大利队却是变化最少的那一支球队，其骨子里的防守风格一直贯穿始终。

这让意大利队在进攻方面逊色于很多同期的世界豪门球队，也让意大利队球迷数量的积累放缓了不少。同时意大利队缺少超级球星，也导致意大利队在吸引球迷的速度上放缓了脚步。

可这是一支世界足坛的传统豪门球队，其底蕴十足，终究是球迷的焦点。每逢世界大赛，就会有很多意大利队的球迷站出来，支持意大利队。当然这些球迷的构成，不仅仅是在意大利本土，更是在全世

意大利队

界范围内。

　　换而言之,亚平宁半岛的"蓝衣军团"(意大利队昵称)的一举一动,都是无数中国球迷关注的焦点。

第一章

阴影下的早期巅峰

> 当时的意大利队球迷势必无法想到,意大利队将在20世纪30年代取得令人意想不到的巨大成功。
>
> ——引语

意大利队

◆ 特殊的起源

在欧洲足球的历史上，意大利是一个很特殊的国度。

作为一个典型的南欧国家，意大利足球同样起源于遥远的、经由贸易往来而联系的英国。虽然在意大利的足球历史上，对于谁是真正的意大利足球之父这个问题仍然未有答案，但毫无疑问的是，几位意大利足球的重要人物都有深厚的英国背景。

1887年，被叔叔送到英国学习纺织技术的爱德华多·博西奥，在诺丁汉地区见识到了当地一种名为足球的运动的魅力，于是博西奥回到意大利，创建了都灵足球和板球俱乐部。

当时，意大利的诸多足球俱乐部都是由英国侨民组成的，带有明显的排外性质，无论普通的意大利人对这项运动多么感兴趣，都不会被允许加入俱乐部。

直至1897年，一位名叫詹姆斯·斯宾斯利的英国海事医生抵达意大利的热那亚地区，斯宾斯利此行的最初目的是治疗运煤船上患病的英国水手。但到了热那亚之后，斯宾斯利加入了当地的热那亚板球和田径俱乐部。

第一章　阴影下的早期巅峰

1897年4月10日，斯宾斯利在这家俱乐部开设了足球部门，并被任命为俱乐部的第一任经理。在斯宾斯利的推动下，热那亚俱乐部开始向意大利人开放。尽管在最初来自意大利的球员人数仍被严格限定在球队总人数的一半以下，但这依然是一个重要的破冰之举。

这标志着足球运动在意大利开上了快车道。

很显然，博西奥和斯宾斯利是推动意大利足球发展的两大关键人物。1898年，意大利足球协会（简称"意大利足协"）正式成立。

1899年，意大利足协首次尝试组建意大利队。当时，那支意大利队与一支来自瑞士的球队在都灵进行了一场比赛，意大利队以0∶2的比分落败。

不过，这并不是国际足球联合会（简称"国际足联"）所承认的一场正式比赛，被国际足联承认的意大利队的第一场正式比赛，发生在11年之后。

在此之前，1910年1月13日，意大利队在米兰的西维卡竞技场与法国队进行了一场友谊赛，意大利队以6∶2的比分战胜对于，给自己的足球历史开了一个不能再好的头。

1912年斯德哥尔摩奥林匹克运动会（简称"奥运会"）中，意大利队参加了历史上的第一场正式比赛。

不过在第一场正式比赛中，意大利队的表现不够出色。在对阵

意大利队

芬兰队的比赛中,常规时间结束后,意大利队和芬兰队以2∶2的比分战平。加时赛中,芬兰队打进一球,意大利队从而早早地结束了这届奥运会的足球赛事。

这届奥运会结束之后,第一次世界大战打响,打断了包括意大利在内等欧洲数国的足球发展。随着战争的结束,意大利队在正式比赛中的低迷表现仍被延续了下来。

1920年安特卫普奥运会,意大利队在以2∶1的比分击败埃及队之后,在1/4决赛却以1∶3的比分不敌法国队,意大利队被淘汰。

1924年巴黎奥运会,意大利队在战胜西班牙队和卢森堡队之后,再次晋级八强,但在1/4决赛中,意大利队以1∶2的比分被瑞士队淘汰,再次止步于此。

到了1928年阿姆斯特丹奥运会,意大利队终于有所突破。

在这届奥运会的足球赛事中,意大利队相继击败了法国队、西班牙队,闯进了半决赛,但在半决赛对阵乌拉圭队时,意大利队以2∶3的比分落败,只好去参加季军赛,最终以11∶3的大比分击败埃及队,拿到了此次足球赛事的铜牌。

在意大利队成立近30年后,这是意大利队的第一次小小的成功。当时的意大利队球迷势必无法想到,意大利队将在20世纪30年代取得令人意想不到的巨大成功。

第一章　阴影下的早期巅峰

但在意大利队成功的背后，却有着很多不为人知的故事。

◆ 冠军与争议

1930年，国际足坛正式进入世界杯时代。

由于组织和后勤方面的困难，意大利队没有选择参加1930年在乌拉圭举办的第一届世界杯。但在此后，意大利队变得尤为积极。

1932年，意大利队获得了国际足联的首肯，得到了1934年世界杯的主办权。这是唯一需要东道主球队参加预选赛的世界杯，而对于意大利队来说，预选赛毫无压力，这不仅是因为对手只有希腊队——意大利队用一场比分为4∶0的胜利就获得了参赛资格，还因为在这一届世界杯中意大利队占据着方方面面的优势。

首场比赛，意大利队就以7∶1的比分大胜美国队。随后在1/4决赛中，意大利队与西班牙队在加时赛结束之后，仍然保持着比分为1∶1的平局，于是双方进行了一场重赛。在重赛上，意大利队以1∶0的比分战胜了西班牙队，晋级四强。

在半决赛对阵奥地利队时，凭借恩里克·瓜伊塔的进球，意大利队以1∶0的比分战胜对手，获得了在家门口夺得世界杯冠军的黄金机会。

意大利队

决赛场上,意大利队没有让这个黄金机会溜走。与捷克斯洛伐克队的这场比赛进行得非常胶着,第一球直至比赛进行到第71分钟才姗姗而来,而且率先进球的还是捷克斯洛伐克队。就在意大利队即将输掉比赛之际,意大利队球员雷蒙多·比比亚尼·奥尔西扳平比分,将比赛拖入加时赛阶段,而在这一阶段,安杰洛·斯基亚维奥打进第二球,最后帮助意大利队反败为胜,夺得了意大利队在历史上的第一座世界杯冠军奖杯。

这本该是一个让意大利队球迷无比兴奋的结果,但比赛结束之后,小道消息就开始四处流传。

当时,甚至多年之后,都有媒体称这一届世界杯存在着贿赂和腐败的现象,并且比赛结果可能受到意大利独裁者墨索里尼的影响。根据报道,墨索里尼利用这项赛事作为法西斯主义的宣传工具,为意大利队的夺冠铺平了道路,这体现在墨索里尼亲自为意大利队的比赛挑选裁判上。并且,意大利政府公然干预国际足联的赛事组织和后勤工作,在客观上帮助了意大利队顺利夺冠,从而进一步推行法西斯主义。

和阿道夫·希特勒不同,墨索里尼非常喜欢足球,或者更为准确的说法是墨索里尼喜欢用足球来包装法西斯主义。

而墨索里尼将足球作为宣传工具,也不仅仅在于让意大利队成

第一章 阴影下的早期巅峰

了世界杯冠军，还包括大力推广意大利传统文化中的球类运动。

20世纪30年代，在墨索里尼的推波助澜下，意大利曾经尝试着争夺"现代足球发源地"这一荣耀。意大利方面认为，现代足球起源于中世纪意大利佛罗伦萨地区的一种球类运动，尽管从规则上来说，当时在意大利盛行的那种球类运动更容易让人联想到橄榄球。

最终，这次争夺没能成功，但墨索里尼在20世纪30年代将这种意大利的传统运动重新组织和推广起来。直至今日，在一些重大节日中，在意大利的各个地区还能看到这种球类运动的表演和竞赛。

虽然没能成功为意大利争来"现代足球发源地"这一名号，但墨索里尼在1934年之后并未放弃努力。

1936年柏林奥运会，意大利队夺得足球金牌，并且在1938年世界杯上再次夺冠。

作为1934年世界杯冠军，意大利队直接进入1938年世界杯正赛，也立刻开始了胜利的节奏。在通往决赛的路上，意大利队相继战胜了挪威队、法国队和巴西队。虽然意大利队在每场比赛中都丢掉一球，但意大利队总能至少比对手多进一个球。

最终在决赛中，意大利队与匈牙利队狭路相逢，意大利队球员吉诺·科劳西和西尔维奥·皮奥拉都梅开二度，最后帮助意大利队以4∶2的比分战胜匈牙利队，相当轻松地完成了卫冕世界杯冠军的

意大利队

目标。

这一届世界杯，意大利队夺冠的背后仍有法西斯政府的阴影。

传言在决赛前，墨索里尼曾给球队发来一封电报，其内容非常简单："要么赢，要么死"。不过这封传闻中的电报没有留下任何记录。1938年世界杯冠军球员皮埃特罗·拉瓦在2001年接受采访时否认了传言中电报的内容，不过拉瓦确认墨索里尼当时的确给球队发了一封电报："他发了一封电报祝我们一切顺利，但没有'要么赢，要么死'的内容。"

1938年世界杯后，世界足球的发展再次受到战争的影响，直至第二次世界大战结束，到了1950年，世界杯才重新拉开了帷幕。

但就在前一年，意大利队遭到了意外的沉重打击。

◆ 灾难的影响

1949年5月4日，当时意大利航空公司的一架菲亚特飞机撞上了都灵郊区的苏佩尔加大教堂后面的土墙，机上的31名乘客全部遇难，其中大部分乘客都是当时意甲的豪门球队、此前五个赛季的意甲冠军得主都灵队的球员。

第一章　阴影下的早期巅峰

这些球员，几乎都是或曾是意大利队的主力球员。

这一空难，直接导致意大利队的实力大打折扣。1950年，当意大利队前往当时世界杯举办国巴西时，仍有心理阴影的意大利队因此选择了乘船出行。

作为1938年世界杯冠军，意大利队直接参加正赛。小组赛阶段，意大利队和瑞典队、巴拉圭队被分在一组，意大利队战胜了巴拉圭队，却输给了瑞典队，最终以1胜1负的战绩排名小组第二，未能晋级淘汰赛，就此结束了这一届世界杯的征程。

1954年世界杯，意大利队的表现并未好转。

预选赛阶段，意大利队与埃及队被分在一组。面对这一弱旅，意大利队以两个回合的胜利晋级正赛。但在正赛阶段，意大利队与英格兰队、瑞士队和比利时队被分在一组。

1954年世界杯的小组赛采用了一种奇怪的赛制。小组赛的四支球队，分为两支种子球队和两支非种子球队，比赛仅在种子球队和非种子球队之间进行，如果出现同分的情况，则通过附加赛的方式决出名次。

在这种赛制下，英格兰队和意大利队是种子球队，瑞士队和比利时队则是非种子球队。意大利队在第一场比赛就输给了瑞士队，第二场比赛战胜比利时队之后，与战绩同样是1胜1负的瑞士队进行

意大利队

了附加赛的较量，结果意大利队直接以1∶4的比分输给了瑞士队，再次无缘淘汰赛。

1958年世界杯，意大利队在预选赛阶段便折戟沉沙；1960年欧洲国家杯（欧洲杯前身，统一简称"欧洲杯"），意大利队则因反对这一赛事而放弃参赛；1962年世界杯，意大利队在小组内排名第三，还是没能晋级淘汰赛；1964年欧洲杯，意大利队选择参赛，但在1/8决赛即遭苏联队淘汰。

到了1966年世界杯，意大利队的颓势依然没有结束。小组赛阶段，意大利队和苏联队、朝鲜队和智利队被分在一组。作为两届世界杯冠军，意大利队仅仅战胜了智利队，以1胜2负的战绩排名小组第三。

很显然，苏佩加空难严重影响了意大利队在第二次世界大战之后的足球发展，但在苏佩加空难发生的十七年后，意大利队还是无法走出颓势，必定存在其他的原因。在当时的意大利足坛人士看来，问题就出在俱乐部大肆引进的外籍球员身上，是这些外籍球员挤占了意大利本土球员的发展空间。

不管这一想法是否正确，在意大利队的大巴车被球迷用番茄"欢迎"之后，意大利足协颁布禁令，禁止意大利俱乐部注册外籍球员。

这一决定，深刻地改变了意大利队。

第二章

"蓝衣军国"崛起之路

在被番茄"欢迎"的两年后,意大利队就成为欧洲冠军之师。

——引语

意大利队

◆ 第一次欧洲之巅

意大利足协之所以要如此决绝地开始改变，是因为在1968年，意大利就要举办欧洲杯了。

意大利足协当然希望意大利队能够在家门口夺得欧洲杯冠军的奖杯，哪怕不能夺冠，也要出现在欧洲杯的正赛中。

1966年世界杯结束之后，意大利足协任命费鲁乔·瓦尔卡雷吉为意大利队新帅。球员时代，瓦尔卡雷吉并不出彩，从未入选意大利队，但在转型为教练之后，瓦尔卡雷吉的成绩不错。

因为瓦尔卡雷吉深受在20世纪60年代大放异彩的海伦尼奥·埃雷拉的影响。

1964年和1965年，在埃雷拉的率领下，意大利的国际米兰队连续夺得了两届欧洲冠军俱乐部杯（欧冠前身）冠军。

这是意大利足球在赢得20世纪30年代的两届世界杯冠军之后，为数不多的成功之一。

这次成功之所以让人印象深刻，是因为国际米兰队在球场上的表现。作为主教练，埃雷拉改进了"链式防守"这一战术，从而和

第二章 "蓝衣军国"崛起之路

国际米兰队的球员形成了很好的化学反应,这是国际米兰队取得成功的基础。

正因为这样的成功,埃雷拉才成为第一个因为球队夺冠而变得声名显赫的教练,而在此之前,外界往往记得的是球队的球星。

埃雷拉和国际米兰队的成功,深刻地影响了一代意大利教练的战术倾向,瓦尔卡雷吉就是其中的一员。

接手意大利队之后,瓦尔卡雷吉立刻开始改造球队。瓦尔卡雷吉将球队的战术重心放在防守端,在四名负责盯人的后卫之间,添加了一个职责相对自由的清道夫角色,这名球员负责协助队友防守对手和球,而且要清除后卫区域中出现的所有风险。

这一改变,给意大利队带来了立竿见影的效果。1968年欧洲杯,意大利队在预选赛阶段和罗马尼亚队、瑞士队、塞浦路斯队被分在一组,意大利队在6场比赛里取得了5胜1平的不败战绩,以小组第一的名次晋级下一阶段的比赛。

而最能体现瓦尔卡雷吉在战术层面上的成功的,便是意大利在这一阶段的丢球数——意大利队在6场比赛里仅丢3球。

下一阶段的比赛,意大利队的对手是保加利亚队。

首回合中,意大利队在客场以2:3的比分不敌对手,但在次回合中,意大利队凭借皮耶里诺·普拉蒂和安杰洛·多门吉尼的进球

意大利队

以2∶0的比分击败保加利亚队，从而成功逆转了总比分，晋级1968年欧洲杯正赛。

正赛阶段，意大利队在那不勒斯的圣保罗球场迎战苏联队，两支球队鏖战到加时赛结束，也没有分出胜负。当时的比赛还没有设置点球大战的规则，意大利队在投掷硬币的环节猜对了花色，于是晋级决赛。

而在对阵南斯拉夫队的决赛中，意大利队在比赛进行到第39分钟时率先丢球，直至比赛进行到第80分钟时才由多蒙吉尼的进球扳平比分，而1∶1的比分同样保持到了加时赛结束。

决赛场上出现这一情况，投掷硬币的规则不再适用，于是在两天后，两支球队进行了一场重赛。在这场比赛中，路易吉·里瓦和皮耶特罗·阿纳斯塔西为意大利队取得进球，最终为意大利队夺得了1968年欧洲杯冠军。

在被番茄"欢迎"的两年后，意大利队就成为欧洲冠军之师。

这种快速的转变让意大利足协相当欣喜，自然也让意大利足协认为自己推行的举措都很正确，瓦尔卡雷吉自然也继续担任意大利队主教练。

1970年世界杯，意大利队在预选赛阶段继续保持强势地位，从对手为民主德国队和威尔士队的小组中轻松晋级。

第二章 "蓝衣军国"崛起之路

来到正赛阶段，意大利队和乌拉圭队、瑞典队、以色列队被分在一组。首场比赛，意大利队以1∶0的比分战胜瑞典队，这是意大利队在小组赛阶段的唯一胜利。此后在对阵乌拉圭队和以色列队的比赛中，意大利队都和对手互交白卷，以0∶0的比分战平。

虽然小组赛的战绩只有1胜2平，意大利队还是获得了小组第一名的成绩，从而晋级到了淘汰赛阶段。

小组赛期间，意大利队表现一般，瓦尔卡雷吉不免被外界批评。

在媒体和球迷看来，瓦尔卡雷吉率领的意大利队确实防守出色，很少输球，只要意大利队能够取得进球，总是能够保住微弱的领先优势。然而，由于在防守环节投入了大量的人力和精力，意大利队在进攻端的表现自然无法让外界满意。

实际上，这是采取"链式防守"的球队逃不过去的指责，但"链式防守"的球队并非无法取得足够多的进球，在1970年世界杯的淘汰赛中，意大利队就证明了这一点。在1/4决赛和半决赛中，意大利队都打进了4球，从而先后战胜了墨西哥队和联邦德国队。

这样的成绩和表现证明了意大利队并不是一支完全信奉"1∶0"主义的球队，但瓦尔卡雷吉率领的意大利队还是暴露了

意大利队

问题。

时隔32年进军决赛,意味着意大利队获得了在两年之内夺得欧洲杯、世界杯冠军的机会,但瓦尔卡雷吉率领的球队没有抓住这一机会。

对阵强大的巴西队,意大利队的防守战术不再有效,意大利队成为被踢进4球的球队,巴西队球员相继进球,意大利队则仅仅依靠博宁塞尼亚在比赛进行到第37分钟的进球挽回了颜面,最终意大利队以1∶4的比分输掉了这场决赛,错失了夺得冠军的宝贵机会。

这场比赛的失利,深深地打击了意大利队球迷的热情,不过,世界杯亚军的成绩绝不能算差,所以瓦尔卡雷吉和球员还是得到了一些肯定和称赞。

然而,之后的两届大赛,意大利队的表现就不尽如人意了。

◆ **微妙的"丑陋足球"**

1972年欧洲杯,意大利队在预选赛中的表现依旧稳定。

在对手为奥地利队、瑞典队和爱尔兰队的小组中,意大利队的优势明显。在6场比赛中，意大利队取得4胜2平的不败战绩，从而晋级下一阶段的比赛。

然而，在对阵比利时队的两个回合中，意大利队表现低迷。作为主场比赛，意大利队没能攻破对手的球门，以0∶0的比分结束了这场比赛。到了客场，意大利队则被比利时队两次攻破球门，意大利队仅凭借里瓦罚入的点球扳回一分，但也无力回天，最终以1∶2的总比分止步于此。

1974年世界杯，意大利队的表现没有太大的变化。

预选赛阶段，意大利队再次在6场比赛里取得了4胜2平的战绩，从而以一球未失的防守水平再次获得小组第一名，晋级到1974年世界杯正赛。

在正赛阶段的小组赛中，意大利队的表现让人大跌眼镜。意大利队和波兰队、阿根廷队、海地队被分在一组。首场比赛中，意大利队以3∶1的比分战胜了海地队，但在接下来的比赛中，意大利队先是以1∶1的比分战平阿根廷队，随后以1∶2的比分输给了波兰队。

3场比赛下来，意大利队仅仅取得了1胜1平1负的战绩，排名小组第三。其实，阿根廷队的积分和意大利队的一样，甚至阿根廷队比意大利队还多丢了一球，但阿根廷队比意大利队多进了两球，从

意大利队

而以一个净胜球的优势力压意大利队。

进球不力,这是外界最喜欢用来批评瓦尔卡雷吉执教的意大利队的一点。在1974年世界杯上,这也成为瓦尔卡雷吉的罪状。

很显然,随着这次失利,瓦尔卡雷吉的时代结束了。

对于意大利队来说,这是一个集成功与失败的完整周期。和1966年世界杯的惨败相比,瓦尔卡雷吉用战术上的变革,让意大利队迅速成为欧洲强队,从而夺得了1968年欧洲杯冠军和1970年世界杯亚军。

然而到了1972年欧洲杯和1974年世界杯,意大利队的表现开始回落。在比赛中,意大利队的防守变得不再固若金汤,而进球数又不足以覆盖防守中的损失,这让意大利队的成绩自然下滑。

无法在比赛中取得足够多的进球,一直是瓦尔卡雷吉采用"链式防守"战术所受到的批评,但这一点已经在1970年世界杯淘汰赛中被证伪。

不过,瓦尔卡雷吉的战术的确限制了意大利队的发挥。

由于在后场布置了大量的人手,意大利队在中前场难免就要陷入人手有限的困境,特别是在1970年世界杯期间,这种窘境被展现得淋漓尽致。

在比赛中,瓦尔卡雷吉只能让桑德罗·马佐拉和詹尼·里维拉这两位优秀的组织者各上场45分钟,从而避免影响后场的防守质量。这一决定的确让意大利队在战术上维持了平衡,但对于场边观赛的球迷来说,球队长时间处于无球的防守状态,无法让观众看到精彩的进攻场面,这当然无法让人兴奋起来。

尤其是在1972年世界杯决赛对阵巴西队时,瓦尔卡雷吉在比赛临近结束时才换上里维拉,这一点遭到了意大利队球迷的猛烈批评。

于是在1974年世界杯结束之后,瓦尔卡雷吉被弗尔维奥·贝纳尔蒂尼取代。

主教练位置的更迭,并未直接带来战绩上的回升,毕竟在瓦尔卡雷吉的时代结束之后,这一代意大利队球员也跟着一同老去。1976年欧洲杯预选赛,意大利队和芬兰队、波兰队、荷兰队被分在一组。

6场比赛后,意大利队仅仅取得了2胜3平1负的战绩,在小组中名列第三,无缘1976年欧洲杯。就像意大利记者吉奥吉奥·托萨蒂在撰写的文章中所提到的:

"这个微妙的过渡期是弗尔维奥·贝纳尔蒂尼以决绝的手段和不受欢迎的态度来维持的,失败之后,他遭受了猛烈的批评,但却

意大利队

成功地选拔出了一支技术素质和团队纪律都很过硬的团队。"

无缘欧洲杯,意大利队只能慢慢期盼着下一批球员尽快成长,从而让这支在过去几十年中表现都飘忽不定的球队稳定在一个基本的水平上。

在未来的日子里,意大利队终于可以做到这一点了。

第三章

真正站上世界之巅

在意大利队的夺冠过程中,保罗·罗西立下了汗马功劳。

——引语

意大利队

◆ 横空出世的天才

1977年9月,意大利足协将球队交给了恩佐·贝阿尔佐特。

虽然在此之前,贝阿尔佐特仅担任过瓦尔卡雷吉和贝纳尔蒂尼的助理教练,但成为意大利队主帅之后,贝阿尔佐特发挥出了自己热衷于学习的特点。

在战术上,贝阿尔佐特采用了乔瓦尼·特拉帕托尼执教尤文图斯队时采用的成功的战术方案。这支意大利豪门球队在此前的7个赛季的意甲中夺得了5次冠军,所以尤文图斯队的球员自然也构成了意大利队在1978年世界杯期间的中坚力量。

然而,保罗·罗西的经历却与众不同。

16岁的时候,保罗·罗西便加盟了尤文图斯队。

经过两年的训练和几次大伤后的恢复,保罗·罗西在1974年完成了自己的职业生涯一线队首秀。但在那一年,保罗·罗西并未得到期望中的出场时间,于是他先是在1975年加盟了科莫队,随后在1976年加盟了维琴察队。

在维琴察队,保罗·罗西迎来了职业生涯的转折点。

第三章　真正站上世界之巅

当时，身体并不强壮，但速度很快的保罗·罗西通常都被其他教练视为边锋球员。但来到维琴察队之后，主教练詹·巴蒂斯塔·法布里决定将保罗·罗西改造为中锋。

就像保罗·罗西在此后接受采访时所说的："也许我是第一个速度够快的中锋。我的主要天赋是直觉，再加上精湛的技术，所以我成功的秘诀之一就是尽量聪明地踢球，总是在球到达我的脚下之前，就开始思考要做什么，这正是弥补身体素质不足的办法。"

改造的结果是非常成功的。1976—1977赛季结束时，保罗·罗西打入21球，成为意大利足球乙级联赛（简称"意乙"）的最佳射手，这也使得维琴察队得以升入意甲。

1977—1978赛季，保罗·罗西和维琴察队的神奇还在继续，他打进了24球，成为意甲的最佳射手，而作为升班马，维琴察队也因为保罗·罗西的出色发挥而拿到了意甲第二名的好成绩。

保罗·罗西也因此获得了参加1978年世界杯的机会。

1978年世界杯预选赛，意大利队和英格兰队、芬兰队、卢森堡队被分在一组。

在这个小组当中，意大利队真正的竞争对手是英格兰队。两支球队各自在两个回合中击败了芬兰队和卢森堡队，也都在主场以2∶0的比分击败了对手，所以6场比赛过后，意大利队和英格兰队都

意大利队

取得了5胜1负的战绩。

而最终意大利队能够晋级1978年世界杯，是因为意大利队比英格兰队多了4个净胜球。

很显然，意大利队需要保罗·罗西，因为意大利队在构筑防守之余，需要利用作为机会主义者的保罗·罗西抓住更多的机会，为意大利队踢进足够多的球。

在1978年世界杯上，这一点成为现实。

1978年世界杯，意大利队和法国队、阿根廷队、匈牙利队被分在一组。

小组赛的前两场比赛，意大利队对阵法国队和匈牙利队时，保罗·罗西都是为意大利队踢进第一球的球员，从而帮助意大利队分别以2∶1和3∶1的比分战胜了法国队和匈牙利队，为从小组出线打下了坚实基础。

最后一场比赛中，意大利队对阵东道主阿根廷队，最终以1∶0的比分赢得了比赛的胜利，以小组第一名的成绩晋级淘汰赛，意大利队也成为在本届世界杯中唯一击败了阿根廷队的球队。

1978年世界杯和1974年世界杯相同，常规的小组赛阶段结束之后，八支球队将会被重新分为两组，继续进行小组内的单循环比赛，最终，两支排名小组第一的球队将会参加决赛，小组第二名则

第三章　真正站上世界之巅

会参加季军赛。

在这一阶段，意大利队和荷兰队、联邦德国队、奥地利队被分在一组。首场比赛，意大利队以0∶0的比分战平联邦德国队。第二场比赛则凭借保罗·罗西的进球，以1∶0的比分击败了奥地利队。最后一场比赛，面对强大的荷兰队，意大利队仅仅制造了对手的一个乌龙球，而荷兰队踢进两球，意大利队从而以1∶2的比分输掉了比赛。

3场比赛过后，意大利队取得了1胜1平1负的战绩，排名小组第二。虽然没能获得参加决赛的机会，但能够参加季军赛，对于意大利队来说，仍然是一个很大的进步。

最终在季军赛中，意大利队以1∶2的比分不敌巴西队，以第四名的成绩结束了这一届世界杯的征程。

意大利队当然还有进步的空间，从1974年止步于小组赛，到1978年世界杯的第四名，意大利队的进步显而易见，而且更让意大利队球迷感到希望就在眼前的，是意大利队的这批球员都很年轻，尤其是打进3球的保罗·罗西，当时还不满22岁。

在这样的情况下，意大利队在本土举办的1980年欧洲杯上取得更好的成绩，似乎毋庸置疑是将会发生的现实。

然而在1980年，这一切并没有如愿发生。

意大利队

◆ 竟深陷赌球风波

1980年3月23日，在周末进行的意甲第24轮和意乙第27轮比赛结束之后，意大利的司法部门在球场上逮捕了多家俱乐部的球员和高级管理人员，从而揭露了意大利足球历史上著名的赌球案件——1980年意大利足球博彩丑闻，也被称为"托托内罗丑闻"。

1946年，意大利足协推出了一个国营的足球彩票，名为"托托内罗"，供球迷进行足球投注，直到20世纪90年代末，这都是意大利国内唯一合法的足球博彩形式。球迷要想赢得奖金，需要正确选出12场比赛的结果，由于涉及如此多的比赛，几乎不可能得奖。因此，球迷想要投注单场比赛的唯一方法，就是在非法的博彩公司进行投注。

1979年，一个拉齐奥队球员经常光顾的餐厅的老板和餐厅的供应商老板成立了一个非法投注公司，几名拉齐奥队球员则同意操纵比赛来从中抽成。随着时间的推移，涉及的俱乐部和球员越来越多，但很多比赛并未按照预设的结果结束，使得餐厅和供应商的老板损失惨重，超过了1亿里拉，于是他们选择了报警。

第三章　真正站上世界之巅

这件事也涉及了多位意大利队球员，其中就包括保罗·罗西。

1979—1980赛季，保罗·罗西的状态依然不错，在那个赛季的意甲中攻入13球，并帮助当时效力的佩鲁贾队进入了欧洲联盟杯的16强。

当时，保罗·罗西被指控在阿韦利诺队对阵佩鲁贾队的比赛中，将比分操纵为平局。这场比赛最终以2∶2的比分收场，保罗·罗西刚好在这场比赛中梅开二度，因此被意大利足协禁赛三年。经过上诉之后，他的禁赛时长由三年减至两年，保罗·罗西因此失去了代表意大利队参加即将到来的1980年欧洲杯的机会。

尽管在过去的几十年中，意大利足坛已经出现过类似的案件，但由于涉及的俱乐部和球员数量众多，"托托内罗丑闻"依然被认为是足球历史上第一起重大丑闻，以至于时任欧洲足球联合会（简称"欧足联"）主席的阿特米奥·弗兰基决定辞职。

受到这一丑闻的影响，原本蒸蒸日上的意大利队自然也无法以最好的状态备战即将到来的1980年欧洲杯。

作为东道主球队，意大利队直接进入了正赛阶段。意大利队和比利时队、英格兰队、西班牙队被分在一组。首场比赛中，意大利队仅以0∶0的比分战平西班牙队。在第二场比赛中，意大利队则凭借马尔科·塔尔德利的进球，以1∶0的比分小胜英格兰队，这是最

意大利队

重要的一场胜利。

小组赛最后一场比赛，意大利队还是没能击败比利时队，但也没有输球，0∶0的比分让意大利队在3场比赛里取得了1胜2平的战绩，从而以小组第二名的成绩，获得了参加季军赛的资格。

在季军赛上，意大利队与捷克斯洛伐克队狭路相逢，拉迪斯拉夫·尤尔克米克帮助捷克斯洛伐克队先进一球，意大利队则凭借弗朗西斯科·格拉齐亚尼在比赛第73分钟时的进球扳平比分，而1∶1的比分一直保持到了加时赛结束。

点球大战环节，双方一直鏖战到第九轮，意大利队的弗尔维奥·科洛瓦蒂罚丢点球，意大利队最终以第四名的成绩结束了这届在本土举办的欧洲杯之旅。

1980年欧洲杯，意大利队只踢进了两球。

没有了保罗·罗西，意大利队的进球效率明显下滑，而遭到禁赛的保罗·罗西的日子也不好过。

在被禁赛后，保罗·罗西考虑过就此退役，并且离开意大利，保罗·罗西在接受采访时表示："我对足球感到厌恶。我想过离开意大利，想过放弃，想说'你们不会再在意大利队看到我了'。我和古斯塔夫·托尼（意大利高山滑雪运动员）一起进入了运动时尚领域。最糟糕的事情是人们那些怀疑的目光……还有周六晚上，当我醒来时我知道没有比赛在等着我的那种感觉。"

就在这个时候，尤文图斯队向保罗·罗西重新张开了怀抱。尤文图斯队邀请保罗·罗西重新加盟，意大利队主帅贝阿尔佐特也公开表示自己相信保罗·罗西是清白的，并且赞赏了他在禁赛期间努力训练的成果。

这段恩情，让意大利队得到了回报。

1982年4月，保罗·罗西的禁赛期终于结束。

尽管保罗·罗西只是赶上了尤文图斯队在赛季末的最后几场比赛，但贝阿尔佐特没有犹豫，立刻将其加入了1982年世界杯的大名单，因为此时意大利队还在为进球不力而苦恼。

1982年世界杯预选赛，意大利队和南斯拉夫队、丹麦队、希腊队、卢森堡队被分在一组。8场比赛后，意大利队取得了5胜2平1负的战绩。

这个战绩让意大利队以小组第二名的身份晋级1982年世界杯正赛，但在这8场比赛里，意大利队仅仅打入12球，而排名小组第一的南斯拉夫队足足打进了22球，甚至排名小组第三的丹麦队都打入了14球。

所以，意大利队比任何时候都需要保罗·罗西的回归。

意大利队

◆ 罗西的冠军舞台

然而，在小组赛阶段，意大利队的表现让球迷很不满意。

小组赛阶段，意大利队和波兰队、喀麦隆队、秘鲁队被分在一组，结果三场比赛中，意大利队与对手全部战成平局。这三场平局的结果让意大利队仅仅获得三分，喀麦隆队的成绩和意大利队的一样，但喀麦隆队只踢进了一球，而意大利队踢进两球，凭借这一微弱优势，意大利队成为世界杯历史上第一支在小组赛阶段未尝一胜还能晋级的球队。

考虑到保罗·罗西等球员的禁赛期刚刚结束，球员还需要一些时间来找回自己的状态，所以意大利队在小组赛阶段表现平平可以得到理解，但意大利媒体和球迷并不这么想。

这样一来，意大利队在此后的比赛必定会让外界大吃一惊。

小组赛阶段结束之后，晋级的十二支球队将会被分为四组，小组内进行单循环比赛，最终排名第一的球队将会晋级四强。

在这一阶段，意大利队的身边强敌环伺，需要从阿根廷队和巴西队的挑战中突出重围，结果意大利队做得非常好。第一场比赛对阵阿根廷队，意大利队的后卫证明了自己有能力阻止迭戈·马拉多纳和马里奥·肯佩斯，于是意大利队凭借塔尔德利和安东尼奥·卡布里尼的进球，以2∶1的比分战胜了阿根廷队。

至于意大利队和巴西队的比赛，巴西队的进攻和意大利队的防守成为比赛的主旋律，比赛的大部分时间都集中在意大利队的禁区附近。在这样的比赛形势下，保罗·罗西的特点得到了淋漓尽致的展现。保罗·罗西浴血重生，直接上演了帽子戏法，为意大利队打入了最重要的三球，这让苏格拉底和保罗·罗伯托·法尔考为巴西队制造的进球都变成了无用功。

最终，意大利队以3∶2的比分战胜巴西队，两战全胜，获得了小组第一名。

进入四强之后，意大利队在保罗·罗西的帮助下，显现出了冠军的模样。

半决赛对阵波兰队时，意大利队甚至比此前的比赛打得还要轻松，因为保罗·罗西在比赛的上、下半场各进一球，帮助意大利队以2∶0的比分战胜对手，让意大利队来到了决赛的舞台上。

决赛对阵联邦德国队，意大利队已经变得胸有成竹。和一直鏖战到点球大战的联邦德国队相比，意大利队的休息和调整更为充分，而且随着保罗·罗西的复苏，意大利队的防守反击战术已经补

意大利队

上了缺失的最后一块拼图。

这场比赛的上半场,意大利队就有望取得比分的领先优势,但卡布里尼没有将点球罚进,这让保罗·罗西在下半场的进球成为意大利队的第一球。收获这一进球之后,意大利队将重心放在防守环节,寻求用反击战术来扩大比分,这一战术得到了很好的贯彻,在比赛进行到第69分钟和第81分钟时,塔尔德利和亚历山德罗·阿尔托贝利各进一球,终结了这场比赛的悬念。

最终,意大利队以3:1的比分击败联邦德国队,时隔44年再次夺得世界杯冠军,这也让意大利队的世界杯冠军数量增加至三个。

在意大利队的夺冠过程中,保罗·罗西立下了汗马功劳。

凭借打入的6球,保罗·罗西获得了1982年世界杯的金靴奖和金球奖。在1982年的年末,保罗·罗西还获得了《法国足球》杂志评选的1982年金球奖。

保罗·罗西配得上以上所有的奖赏,正如《卫报》记者彼得·梅森所说的:"保罗·罗西在世界杯决赛上打入的第一球,对于意大利来说是一个宣泄的时刻,这个国家多年来一直遭受严重的社会和政治动荡,尽管意大利被认为是世界上最重要的足球国家之一,但意大利队自1938年以来就没有夺得过世界杯冠军……这场胜利给这个国家的士气带来了不可估量的鼓舞效果,罗西成为庆祝活动的中心人物。"

这本该是意大利队重新崛起的时刻,但就像夺得1934年、1938年世界杯冠军之后一样,巅峰时刻结束后,意大利队立刻进入了低迷的状态。

1984年欧洲杯预选赛,意大利队和罗马尼亚队、瑞典队、捷克斯洛伐克队、塞浦路斯队被分在一组,8场比赛结束之后,意大利队不仅没有获得小组头名,甚至只排在小组第四,1胜3平4负的战绩令人大跌眼镜。

作为1982年世界杯冠军,意大利队无须参加1986年世界杯预选赛,但在正赛的小组赛阶段,意大利队和阿根廷队、保加利亚队、韩国队被分在一组。在三场比赛中,意大利队仅战胜了韩国队,还是以3∶2这样惊险的比分。对阵阿根廷队和保加利亚队,意大利队都只取得了1∶1的比分。

这个结果让意大利队以小组第二的名次进入淘汰赛,然而在1/8决赛,意大利队便以0∶2的比分不敌米歇尔·普拉蒂尼所率领的法国队。

1984年欧洲杯和1986年世界杯,保罗·罗西都随队参赛,然而结果都不甚理想。很明显,属于保罗·罗西和意大利队这一批球员的时代已经过去了。

1982年世界杯是一个童话，无论对于保罗·罗西个人还是整个意大利足球，都是如此。在经历了赌球案件的打击后，保罗·罗西和意大利足球都因此元气大伤，但教练相信球员，意大利也相信足球，这使得意大利队在1982年世界杯谱写了一篇令人欣慰的童话故事。

只不过，意大利队的命运并未因此顺利起来。

第四章

这是忧郁的亚平宁

罚失点球之后,巴乔低着头,无奈地站在原地,背后则是疯狂庆祝的巴西队球员,这幅画面成为世界杯历史上最为经典的瞬间之一。

——引语

意大利队

◆ 这一刻英雄传承

1986年世界杯结束之后,贝阿尔佐特选择离任。

阿泽利奥·维奇尼接替了贝阿尔佐特的工作,而且开始对意大利队进行更新换代,一批让人眼前一亮的年轻球员开始走上舞台。但在1986年,意大利足球再次爆发赌球丑闻。

1986年5月2日,时任那不勒斯队主帅伊塔洛·阿洛迪的得力助手阿曼多·卡博内向警方自首,根据卡博内的供述,存在一个涉及意甲部分足球比赛的投注团伙。

1986年8月,关于此案的审判和上诉程序全部结束,数个俱乐部,数十名俱乐部的管理人员、教练和球员都牵涉其中,并得到了不同程度的处罚。

六年之内,两次出现赌球丑闻,意大利足坛依然不太平。

基于这样的情况,意大利队也不得不起用新人。

1988年欧洲杯预选赛,年轻球员表现不错,意大利队在预选赛阶段取得了6胜1平1负的战绩,从而以小组第一的名次从瑞典队、葡萄牙队、瑞士队和马耳他队的围追堵截中成功突围,晋级到了欧洲

第四章 这是忧郁的亚平宁

杯的正赛阶段。

在预选赛阶段，詹卢卡·维亚利的横空出世最让意大利队球迷感到兴奋，维亚利在预选赛阶段踢进4球，尤其是在主场对阵葡萄牙队的比赛中，意大利队正是凭借维亚利的梅开二度，以2∶1的比分战胜了葡萄牙队。

所以在1988年欧洲杯上，除了意大利队的整体表现，意大利队球迷同样很关注维亚利的个人表现。

欧洲杯正赛阶段，意大利队和东道主联邦德国队、西班牙队、丹麦队被分在一组。

这注定不是一个简单的小组赛，然而意大利队表现不错。首场比赛中，凭借当时只有24岁的罗伯托·曼奇尼的进球，意大利队与联邦德国队战成比分为1∶1的平局。第二场比赛中，同样为24岁的维亚利成为"关键先生"，意大利队凭借维亚利的进球以1∶0的比分战胜西班牙队。

最后一场比赛，意大利队以2∶0的比分轻取丹麦队，从而以小组第二名的成绩晋级淘汰赛。

对于由年轻球员组成的意大利队来说，这已经是很不错的表现，而到了更高的舞台上，年轻球员势必会暴露实力上的不足，所以在半决赛对阵苏联队时，意大利队没有打出小组赛阶段的表

意大利队

现。苏联队在4分钟内踢进两球,以2∶0的比分淘汰了意大利队。

1988年欧洲杯上的意大利队,是一支稚嫩但又充满了希望的球队。

意大利队球迷当然对这支球队报以巨大的期望,但通过欧洲杯预选赛和正赛的过程,很多人也看得出来,意大利队仍然被进球少这一难题困扰。

在保罗·罗西的时代过后,意大利队需要找到一个全新的办法。

1988年11月16日,在意大利队对阵荷兰队的比赛中,维奇尼派上了一名21岁的年轻球员,这是其首次代表意大利队出场比赛,然而这名年轻球员展现了超出年龄的老练,助攻维亚利攻入制胜一球,帮助意大利队以1∶0的比分击败荷兰队。

这名年轻球员叫作罗伯托·巴乔。

有趣的是,巴乔和保罗·罗西一样,第一次被人熟知都是在维琴察队。

1985年,凭借在29场比赛里打进12球的表现,巴乔吸引到了意甲豪门球队的注意,哪怕在1985年5月巴乔的膝盖遭遇重伤,这些豪门球队依然没有打消引进巴乔的想法。最终,佛罗伦萨队成为幸运儿。

事实证明,佛罗伦萨队对巴乔的信心是正确的。巴乔很快就成为佛罗伦萨队历史上最好的球员之一，而且和保罗·罗西相比，巴乔的技术更为细腻。

时任佛罗伦萨队主教练的阿尔多·阿格罗皮就曾如此形容巴乔的球技："天使在他的腿上唱歌。"

◆ 这一刻小试牛刀

很显然，巴乔和保罗·罗西的风格截然不同，巴乔自己不仅可以收获进球，还可以给予其他意大利队前锋帮助，从而让队友变得更好。

所以在23岁那一年，因为在友谊赛上的出色表现，巴乔入选了意大利队的1990年世界杯大名单。

1990年世界杯，意大利队作为东道主球队，无须参加预选赛。小组赛阶段，意大利队和捷克斯洛伐克队、奥地利队、美国队被分在一组。在这三场比赛当中，意大利队取得了难得的全胜战绩，两场比赛都是典型的意大利队式获胜的比分——1：0，只有在最后一场对阵捷克斯洛伐克队的比赛中，意大利队打进了两球，以2：0的比分战胜了对手。

小组赛阶段，意大利队的关键球员不是巴乔，而是踢进两球的

意大利队

萨尔瓦托雷·斯基拉奇。

作为一名替补球员，斯基拉奇很好地扮演了奇兵的角色，而斯基拉奇神奇发挥的背后就有巴乔的帮助，所以在淘汰赛阶段，斯基拉奇和巴乔的组合依然是意大利队的进球保障。

1/8决赛中对阵乌拉圭队，意大利队直至比赛进行到第65分钟才收获进球，为意大利队攻破球门的还是斯基拉奇，阿尔多·塞雷纳则在比赛末段打进第二球，帮助意大利队以2∶0的比分晋级八强。

淘汰赛阶段的第二场比赛，意大利队迎来了爱尔兰队的挑战。斯基拉奇和巴乔再次搭档前锋，这一组合的进球效率依然没有降低。在比赛进行到第38分钟时，斯基拉奇收获进球，意大利队从而以经典的1∶0的比分击败了爱尔兰队。

闯入四强后，意大利队却在半决赛对阵阿根廷队时更改了首发组合，维亚利取代巴乔进入首发名单，斯基拉奇则保留首发位置。

斯基拉奇在比赛进行到第17分钟时再次进球，帮助意大利队取得了领先优势，但失去了巴乔的帮助，意大利队的锋线缺少了不少创造力，于是克劳迪奥·卡尼吉亚在下半场扳平了比分，打破了意大利队门将沃尔特·曾加在世界杯开赛以来不失球的纪录。

1∶1的比分一直保持到了加时赛结束，比赛进入点球大战的阶段，但意大利队的罗伯托·多纳多尼和阿尔多·塞雷纳相继罚丢点球,这使得意大利队在点球大战后被淘汰。

很显然,拆散斯基拉奇和巴乔这对前锋搭档并不是一个好主意,这让意大利队付出了无法赢球的惨重代价。

在这届世界杯上,意大利队在主场仅仅取得了第三名的成绩。在季军赛中,意大利队凭借巴乔和斯基拉奇的进球,以2∶1的比分击败了英格兰队。事实证明,巴乔和斯基拉奇是非常有默契的一对组合。

然而,可惜的是,斯基拉奇在1990年世界杯期间即将年满28岁,他注定无法和年轻的巴乔长期出任意大利队的进攻组合。

其实,在之后的日子里,连年轻的巴乔也不再能保证自己的主力位置。

在意大利队的历史中,虽然1990年世界杯更多被视为失败,而不是成功,但维奇尼两次带领意大利队闯入世界杯四强,球队的表现让人很满意。

在维奇尼的带领下,意大利队将更具进攻性的比赛风格与坚固的防守结合在了一起,这使得意大利队的进攻方式变得更加激进和现代,但球队整体上仍然务实,在防守端很少失球,延续了意大利队的优秀传统。

然而,在1992年欧洲杯预选赛期间,这一切都发生了变化。

意大利队

这次预选赛，意大利队和苏联队、挪威队、匈牙利队、塞浦路斯队被分在一组。8场比赛中，意大利队仅仅取得了3胜4平1负的平庸战绩，最后排在小组第二，无缘1992年欧洲杯。

整个预选赛期间，巴乔不再经常被维奇尼征召参加1992年欧洲杯预选赛，巴乔仅仅出场3次，踢进了两球，这显然不足以拯救意大利队。

而且在1991年，维奇尼与意大利足协主席安东尼奥·马塔雷塞的关系也开始恶化，于是在预选赛还没有彻底结束的时候，意大利足协便用阿里戈·萨基取代了维奇尼的位置。

在当时，这是一个很受欢迎的决定，因为在20世纪80年代末，萨基在AC米兰队创造了惊人的战绩，从1987年到1990年，萨基为AC米兰队带来了大大小小的8座冠军奖杯，其中有两座欧洲冠军俱乐部杯冠军奖杯。

意大利足协当然希望萨基能够把他的神奇能力也发挥在意大利队的身上。

的确，萨基很快就让意大利队恢复了元气。

1992年欧洲杯结束之后，在1994年世界杯预选赛上，意大利队和瑞士队、葡萄牙队、苏格兰队、马耳他队、爱沙尼亚队被分在一组。

10场比赛中，意大利队取得了7胜2平1负的战绩，这让意大利队取得了小组第一名的成绩，从而晋级到了1994年世界杯的正赛阶段。

然而在这段时间，萨基也暴露出了其用人唯亲的一面。萨基率领的意大利队主要由AC米兰队球员组成，包括曼奇尼、曾加、维亚利和斯基拉奇等优秀球员逐渐不再能够进入意大利队的视野之中，这让萨基也招致了不少批评的声音。

不过，并非AC米兰队球员的巴乔依然是萨基在前锋位置上的第一选择。

从某种角度来说，这也不是一件很难理解的事情。

萨基在AC米兰队的成功，源自球员和教练之间深刻的战术灌输和执行能力，所以当萨基执教意大利队之后，自然会倾向于使用已经很熟悉其战术的AC米兰队球员，只不过这也一定会引发争议。

想要消除这种争议，萨基只能拿出成绩，但在1994年世界杯的小组赛阶段，意大利队并没有做到这一点。

◆ 这一刻忧郁背影

1994年世界杯小组赛，意大利队和墨西哥队、爱尔兰队、挪威队被分在一组。

意大利队

首场比赛，意大利队就用输球的结果给自己的1994年世界杯之旅带来了变数，面对爱尔兰队的首开比分，意大利队始终没能找到进球的办法，从而以0∶1的比分输掉了比赛。

第二场比赛中，意大利队的表现稍有起色，以1∶0的比分战胜了挪威队，但在比赛进行到第69分钟才获得进球，说明了意大利队的表现依然有限。

小组赛最后一场对阵墨西哥队，意大利队还是没能发挥足够好的表现，和墨西哥队战成了比分为1∶1的平局。

3场比赛后，意大利队仅仅取得1胜1平1负的战绩，而其他三支球队的战绩和意大利队一模一样。最终，墨西哥队以进球最多的优势获得了小组第一名，爱尔兰队和意大利队分居第二和第三名，同样晋级到了淘汰赛。

如果不是"有四支成绩最好的小组第三名球队也有资格晋级十六强"的这种规定，意大利队就将被淘汰出局。

到了淘汰赛阶段，意大利队的表现其实依然飘忽不定。

1/8决赛中，意大利队和尼日利亚队狭路相逢。在比赛进行到第25分钟时，尼日利亚队就攻破了意大利队的球门，而直至比赛还有3分钟就要结束时，意大利队依然处于0∶1落后的处境。就在这个时候，巴乔站了出来，他用进球为意大利队争取到了加时赛的机会。

第四章 这是忧郁的亚平宁

加时赛中，巴乔依然是关键人物。在比赛进行到第102分钟时，巴乔罚入点球，终于让意大利队反超了比分，从而战胜了尼日利亚队。

1/8决赛打得如此艰难，此后的比赛只会更加困难。1/4决赛中，意大利队的对手是西班牙队，这一次意大利队率先进球，迪诺·巴乔为意大利队首开比分，但在下半场，西班牙队一度将比分扳平。眼看时间慢慢流逝，正当双方球迷都觉得要进入加时赛的时候，巴乔在比赛进行到第88分钟时再进一球，帮助意大利队绝杀了西班牙队，惊险晋级四强。

到了半决赛，意大利队的表现终于有所好转。

这体现在意大利队在比赛中一度以2：0的比分领先于保加利亚队，两个进球都由巴乔完成，然而意大利队并未避免丢球，甚至在上半场结束前，就被对手追回一球。

整个下半场比赛中，意大利队都处于这种既不敢贸然进攻，又不敢放弃进攻的尴尬状态，最终在保加利亚队的进攻下，意大利队还是挺到了哨声吹响的一刻，从而晋级决赛。

所以，走到决赛的这一路中，意大利队的表现其实并不过硬，淘汰赛阶段每场都有输球，而且每场只比对手多进一个球，进攻和防守两端都做得不够完美。能够来到决赛，大多数功劳都要记在巴

意大利队

乔的头上。

然而，在决赛中，巴乔只给世界留下了一个无奈的背影。

决赛中，意大利队的对手是巴西队。

这是两支球队时隔24年在决赛中的又一次相遇，两支球队都展现了各自的特点。巴西队的进攻依然犀利，而意大利队难得地展现了自己固若金汤的防守，所以在漫长的120分钟内，双方都没有取得进球，甚至都没有制造出特别好的进球机会。

这是世界杯历史上首次需要通过点球大战才能决出胜负的比赛，四轮点球过后，巴西队以3∶2的比分领先于意大利队，在半决赛中拉伤了腿部的巴乔必须罚进点球才能为意大利队保住夺冠的最后一线希望，结果巴乔的射门高出了球门的横梁。

罚失点球之后，巴乔低着头，无奈地站在原地，背后则是疯狂庆祝的巴西队球员，这幅画面成为世界杯历史上最为经典的瞬间之一。

此后接受采访时，巴乔表示他在罚点球时，身体上的疲惫影响了最终的点球质量："我知道我必须怎么做，而且我的注意力非常集中。但我太累了，以至于发力过猛。"

虽然输掉了比赛，但巴乔的表现还是得到了外界的交口称赞，不管是在意大利还是在其他国家，大家普遍认为巴乔是1994年世界杯上表现最出色的球员，尤其是在淘汰赛阶段，巴乔不断地打进制

第四章 这是忧郁的亚平宁

胜球,这是意大利队能够晋级决赛的唯一原因。

甚至有人认为,1994年世界杯上巴乔的表现,是继1986年世界杯的马拉多纳之后最伟大的个人表现。

这本该是意大利队又一个重整旗鼓的时刻,但就像1990年世界杯一样,巴乔再次成为意大利队的边缘人物。

这一次是因为巴乔和萨基的关系不再和睦。

1994年世界杯之后,萨基开始培养全新一代的意大利队球员。在萨基的视角里,当时已经27岁的巴乔并不在意大利队未来的计划当中,但巴乔不愿意这么早就坐在替补席上,双方的关系开始逐渐恶化。

1996年欧洲杯预选赛,成为两人关系彻底破裂的时间点。

这次预选赛,意大利队和克罗地亚队、立陶宛队、乌克兰队、斯洛文尼亚队、爱沙尼亚队被分在一组。处于变化中的意大利队初期表现并不够好,前三场比赛仅仅取得了1胜1平1负的战绩,于是在以1∶2的比分不敌克罗地亚队之后,巴乔在部分队友的支持下向意大利足协要求解雇萨基,然而意大利足协并未采纳巴乔的意见。

从此之后,巴乔入选意大利队的次数开始明显变少,仅仅在主场以1∶0的比分战胜斯洛文尼亚队的比赛中替补出场一次,最终失去了在意大利队的位置。意大利队则在预选赛以7胜2平1负的战绩,

意大利队

晋级1996年欧洲杯正赛。

到了1996年，尽管巴乔帮助AC米兰队夺得了那一赛季的意甲冠军，证明了自己的能力，但巴乔还是未能入选意大利队的大名单，当时萨基给出的理由是巴乔尚未完全康复。

当然了，这只是萨基不愿征召巴乔的借口，巴乔自己也心知肚明，但不管两人谁对谁错，因此受损最大的终归是意大利队。

1996年欧洲杯，意大利队表现不佳，小组赛阶段，意大利队勉强以2∶1的比分战胜了俄罗斯队，随后便以1∶2的比分输给了捷克队，最后一场比赛对阵德国队，两支球队互交白卷，以0∶0的比分收场。

1胜1平1负的战绩，让意大利队最终排名小组第三，没能晋级淘汰赛，欧洲杯征程早早结束。

三场比赛中，意大利队仅仅踢进三球，失去巴乔之后的意大利队进攻效率明显下滑，但意大利足协并未因此解雇萨基。

1996年欧洲杯结束之后，1998年世界杯拉开大幕。预选赛阶段，意大利队和英格兰队、波兰队、格鲁吉亚队、摩尔多瓦队被分在一组。意大利队的表现不错，用两连胜给自己开了一个好头，然而欧洲杯上的表现不佳依然让萨基饱受批评，于是1996年11月，在输掉对阵波斯尼亚和黑塞哥维那队的友谊赛后，萨基选择辞职。

第四章　这是忧郁的亚平宁

一个月后，意大利足协任命切萨雷·马尔蒂尼担任意大利队新任主帅。

◆ 这一刻全新时代

在一定程度上，切萨雷·马尔蒂尼是意大利足协培养的主帅，因为在此前的十年里，切萨雷·马尔蒂尼始终在担任意大利21岁以下国家队的教练，并在1992年、1994年和1996年连续夺得了三届欧洲21岁以下足球锦标赛冠军。

这样一位教练上任，意大利队的年轻人注定会得到更多机会，但切萨雷·马尔蒂尼没有忘记老将。1997年4月，在意大利队对阵波兰队的1998年世界杯预选赛上，巴乔替补登场并攻入一球，帮助意大利队以3∶0的比分获得胜利。

这是意大利队在预选赛阶段的第六场比赛，此后的两场比赛，意大利队都未能取胜，这使得意大利队在8场比赛后，取得了5胜3平的战绩，以小组第二的名次排在英格兰队之后，需要参加附加赛。

在附加赛中，意大利队的对手是俄罗斯队。

首回合中，意大利队带着1∶1的比分从客场全身而退，这是一

意大利队

个可以被接受的结果。但其实意大利队可以做得更好，因为俄罗斯队的进球是由年轻的后卫法比奥·卡纳瓦罗踢进的乌龙球。

这场比赛，19岁的年轻门将詹路易吉·布冯也完成了他在意大利队的首秀，这名小将未来将成为意大利队在球门前的最好保障。

次回合中，意大利队在主场1∶0小胜俄罗斯队，皮埃尔路易吉·卡西拉吉踢进了比赛中的唯一进球，这一球也帮助意大利队在总比分上再次领先，从而获得了参加1998年世界杯的资格。

世界杯前，凭借在俱乐部的良好表现，巴乔入选了意大利队的大名单，继1994年世界杯之后再次代表意大利队征战国际大赛。

小组赛阶段，巴乔证明了自己仍然是可用之才。首场比赛，意大利队对阵智利队，就在意大利队即将以1∶2的比分输掉比赛时，意大利队获得了点球的机会。尽管在1994年世界杯决赛的点球大战中错失了决定性的点球，但巴乔还是挺身而出，主罚点球，为意大利队打入扳平比分的这一球，巴乔成为第一位在三届世界杯上进球的意大利队球员。

这也是自1994年世界杯决赛失利以来，巴乔为意大利队主罚的第一个点球，赛后，巴乔将这个进球描述为一种"解脱"。

第二场比赛对阵喀麦隆队时，巴乔的表现依然很好，助攻路易吉·迪比亚吉奥首开纪录，但在之后，巴乔受伤下场，克里斯蒂

第四章 这是忧郁的亚平宁

安·维埃里则梅开二度,最终帮助意大利队以3∶0的比分完胜喀麦隆队。

小组赛的最后一场,维埃里延续着自己的进球感觉,帮助意大利队首开纪录。下半场比赛,巴乔在观众的掌声中替补登场,并且在比赛结束前将比分优势扩大到了两球。凭借这一球,巴乔追平了保罗·罗西保持的意大利队球员在世界杯正赛阶段的进球纪录(9球),可惜的是,这也是巴乔在世界杯赛场上打入的最后一球。

凭借巴乔和维埃里的精彩表现,意大利队以2胜1平的战绩获得小组头名,强势地进入了淘汰赛阶段。

然而在淘汰赛阶段,意大利队没能延续小组赛阶段的强势。

1/8决赛中,意大利队的对手是挪威队。虽然意大利队的进球来得很早,在比赛进行到第18分钟时,维埃里就攻破了对手的球门,但意大利队在比赛中只进了这一球,最终也只以1∶0的比分战胜了挪威队,晋级到了下一轮。

1/4决赛中,意大利队的对手实力大大增强,法国队成为意大利队晋级路上的拦路虎。整场比赛,两支球队都在寻找着各种方法来向对手施压,巴乔在下半场替补登场,创造了一些好机会,但并未帮助意大利队改写比分,比赛从而进入了点球大战的环节。

意大利队

尽管巴乔在第一轮就罚入点球，但队友们的表现并不够稳定，意大利队最终以3∶4的比分输掉了点球大战，被东道主淘汰出局，这是意大利队连续三次在世界杯的点球大战中落败。

1998年世界杯结束之后，巴乔并没有就此结束在意大利队的生涯。

然而，31岁的年龄让所有人都很清楚，巴乔无法再帮助意大利队征战下一届世界杯。世纪之交期间，意大利队并不缺少优秀的球员，这对技术出色但身体能力下滑的老球员来说，是一个并不适合发挥的环境。

巴乔的时代，注定要结束了。

在漫长的意大利队生涯中，巴乔用一次精彩绝伦的个人表现，几乎是独自一人将意大利队带入了世界杯决赛。但令人悲伤的是，让意大利队无缘冠军的最后一脚球，也是巴乔踢的。

1994年美国世界杯的那个夏天，相较于巴西队的狂喜，巴乔的沮丧是更经典的画面，这种戏剧性的结果给意大利队披上了一层忧郁的外衣。

但是，这也为新时代的意大利队奠定了坚实的基础。

第五章

防守足球盛世荣耀

> 这让意大利队仅次于获得五次世界杯冠军的巴西队，就此成为全世界第二成功的球队。
>
> ——引语

意大利队

◆ 与冠军失之交臂

1998年世界杯结束之后,切萨雷·马尔蒂尼离职,意大利队被交到了迪诺·佐夫的手上。

球员时代,佐夫是一名非常优秀的守门员,而在国际足坛,守门员成为教练是很少见的事情,但佐夫证明了自己的能力。佐夫在不同的俱乐部都曾闯入意大利杯和欧洲联盟杯的决赛,结果当然是有胜有负,所以凭借这份履历,佐夫获得了意大利足协的青睐。

接手球队之后,佐夫立刻率领球队开始了2000年欧洲杯预选赛的征程。这次预选赛,意大利队和丹麦队、瑞士队、威尔士队、白俄罗斯队被分在一组,8场比赛结束之后,意大利队的成绩并不突出,仅仅取得了4胜3平1负的战绩。

这个成绩不算好,但其他球队的成绩更加糟糕,所以意大利队还是获得了小组第一名,最后晋级到了2000年欧洲杯的正赛阶段。

预选赛阶段,意大利队的表现并不算好,佐夫也因此受到了一些质疑。在预选赛阶段,佐夫最大的功劳就是为意大利队增添了一些全新的面孔,如弗朗西斯科·托蒂、詹卢卡·赞布罗塔、斯特凡诺·菲奥雷、马西莫·安布罗西尼、克里斯蒂安·阿比亚蒂、马科·德尔维奇奥和文森佐·蒙特拉等人。

这些年轻球员很好地补充了球队的实力，让意大利队变得活力十足。在2000年欧洲杯开幕前，因为在预选赛中的表现一般，加之球队队员相当年轻，意大利队并未被视为夺冠热门球队，但意大利队的表现超出了外界的预期。

2000年欧洲杯，意大利队在小组赛就状态火热。

第一场比赛，意大利队以2∶1的比分战胜了土耳其队，安东尼奥·孔蒂和菲利波·因扎吉各进一球，让土耳其队的进球变成了无用功。

第二场比赛，意大利队的防守更进一步，托蒂和菲奥雷制造了意大利队的进球，于是意大利队以2∶0的比分战胜了比利时队。

第三场比赛，意大利队再次击败对手，迪比亚吉奥和亚历桑德罗·德尔·皮耶罗成为为球队攻城拔寨的功臣，瑞典队则依靠亨里克·拉尔森的进球挽回了一丝颜面。

小组赛中取得三连胜，意大利队毫无悬念地获得了小组第一名，而意大利队的强势还将持续下去。

1/4决赛中对阵罗马尼亚队，意大利队依然没有感受到太大的难度。

意大利队

在比赛进行到第33分钟和第43分钟时，托蒂和因扎吉各进一球，帮助意大利队迅速建立了领先两球的优势，而意大利队的防守向来不用担心，于是2∶0的比分保持到了比赛结束。

半决赛上对阵荷兰队，意大利队终于遇上了真正的对手。两支球队鏖战120分钟没有分出胜负，甚至都没有制造出进球，这还是建立在意大利队在上半场就被罚下一人，全场比赛被判罚两个点球的情况下，意大利队的防守能力可见一斑。

进入点球大战，意大利队已经足够出色，即便被淘汰也不会有丝毫遗憾了，正是在这种极为放松的心态下，意大利队在点球点上反而比荷兰队更加从容。

于是，意大利队四罚三中，而荷兰队仅为四罚一中，全场比赛扑出荷兰队三个点球的弗朗西斯科·托尔多成为意大利队的英雄，然而托尔多其实只是意大利队的二号门将。

如果不是布冯在欧洲杯开幕前受伤，托尔多大概率只会在替补席上度过这届欧洲杯。

在不被人看好的情况下进入决赛，意大利队的表现让人相当惊喜。

冠军已经近在眼前，意大利队的年轻球员都在跃跃欲试。这场比赛相当精彩，但进球在下半场才到来，德尔维奇奥在比赛进行到第55分钟时为意大利队首开纪录。然而在此之后，意大利队错失了两

第五章　防守足球盛世荣耀

次扩大比分优势的绝佳机会,这使得比赛到了最后时刻,法国队的进球扳平了比分,西尔万·维尔托德为法国队将比赛拖入加时赛。

随着到手的胜利从手边溜走,意大利队的表现开始走低,最终当比赛进行到第103分钟时,达维德·特雷泽盖打进了"金球",为法国队夺得了2000年欧洲杯的冠军。

1993年,国际足联制定了"金球制"规则——在淘汰赛中,加时赛中的第一个进球将宣告比赛结束,进球方为获胜者。按照常理来说,向来以防守稳健而著称的意大利队不应该成为"金球制"规则的受害者,但在2000年欧洲杯,意大利队没能逃过命运的戏弄。

2000年,佐夫率领的意大利队给大家带来了惊喜。

尽管意大利队在防守上仍然谨慎,而且保持着自己的组织性,但佐夫使用了比切萨雷·马尔蒂尼和萨基更为开放、更为流畅、更具进攻性的比赛风格。

这一点让意大利队兼具了进攻犀利和防守稳健的两大特点,从而让意大利队在2000年欧洲杯上打出了令人兴奋的比赛,而唯一的遗憾就是没能夺冠。

所以在决赛结束后的几天内,佐夫还是难免被批评,对佐夫批评声最大的就是AC米兰俱乐部主席兼政治家西尔维奥·贝卢斯科尼,佐夫不堪其扰,以辞职作为回应,也作为对贝卢斯科尼的抗议。

意大利队

◆ "蓝衣军团"至暗时刻

佐夫的辞职令人相当遗憾,然而意大利足球最不缺的就是好教练。

2000年7月6日,意大利足联任命乔瓦尼·特拉帕托尼为意大利队新帅,这一任命让意大利队球迷充满了对未来的无限期待,因为特拉帕托尼可能是意大利足球历史上最成功的教练,没有之一。

在2000年之前,特拉帕托尼就在不同的俱乐部夺得了大大小小、足足20座冠军奖杯,而且更让人钦佩的是,特拉帕托尼不仅拿满了意大利足球赛事的冠军,还在其他国家获得了成功,甚至包括欧洲层面的冠军奖杯,特拉帕托尼都拿到了手。

这样一位几乎可以和冠军直接画上等号的教练前来执教,再加上意大利队的年轻才俊正处于井喷状态中,意大利队的前景无疑是极其光明的。

然而,事情却没有那么顺理成章。

刚开始,一切都还显得相当美好。

2002年世界杯预选赛,意大利队和罗马尼亚队、格鲁吉亚队、匈牙利队、立陶宛队被分在一组。这个小组对意大利队来说,难度并不算大，所以意大利队的成绩也相当不错。

8场比赛中，意大利队取得了6胜2平的不败战绩，毫无难度地取得了2002年世界杯的参赛资格。

然而，正当球迷期待着意大利队的表现时，2002年世界杯成为意大利队的梦魇。

在这届世界杯开始前，意大利队的纷争就始终存在。

考察球员期间，特拉帕托尼一度表示愿意将巴乔带到世界杯赛场，然而特拉帕托尼最后认为巴乔尚未从重伤中完全恢复，所以将巴乔排除在了大名单之外。

为了能够在退役之前再参加一次国际大赛，巴乔还在比赛前给特拉帕托尼写了一封公开信，直接向意大利队教练发出呼吁，但特拉帕托尼选择忽视这一点，这让特拉帕托尼被外界批评为"不近人情"。

在2002年世界杯期间，球员在场上浴血奋战，但特拉帕托尼依然是主角之一。

小组赛阶段，意大利队的表现并不算好。

首场比赛，意大利队凭借维埃里的两个进球，以2∶0的比分战胜了厄瓜多尔队，为这届世界杯之旅开了个好头。然而在第二场比赛中，维埃里的进球也拯救不了意大利队，克罗地亚队攻进两球，

意大利队

从而以2∶1的比分击败了意大利队。

1胜1负的战绩，让意大利队在最后一场比赛不容有失，意大利队至少需要一场平局，才能确保自己从小组中出线，然而在上半场比赛中，墨西哥队打进了一球。

在球队陷入困境的时候，特拉帕托尼开始借助宗教的力量。在比赛还在进行的时候，特拉帕托尼突然回到了更衣室，等到他再回来的时候，手上多了一个小水瓶。

赛后就有媒体爆料，特拉帕托尼手中的水瓶里装的是"圣水"。

在球场上拿出这样的东西，特拉帕托尼的做法立刻引来了轩然大波。

尽管特拉帕托尼表示自己是虔诚的天主教徒，但这一说法也没能让特拉帕托尼远离争议，不少天主教徒就认为特拉帕托尼使用"圣水"来祈求胜利和好运，反倒是玷污了"圣水"。

不过，就在特拉帕托尼从更衣室回来之后，皮耶罗确实收获了进球，从而帮助意大利队以1∶1的比分战平墨西哥队，让意大利队以小组第二名的成绩晋级到了淘汰赛阶段。

赛后，特拉帕托尼也表示既然管用，在1/8决赛对阵韩国队的比赛中，他还会继续使用"圣水"。

然而，这一次连圣物也帮不了特拉帕托尼了。

第五章　防守足球盛世荣耀

对阵东道主球队，向来是足球比赛里最糟糕的对阵情况，但意大利队在韩国队面前还是有着明显的优势，按理来说，意大利队还是有着不小的胜算的。

比赛进行到第18分钟，维埃里就收获了进球，这也说明了意大利队的优势明显，然而此后的比赛开始脱离意大利队的控制。

在比赛当中，韩国队多次用犯规动作阻止意大利队球员，厄瓜多尔主裁判拜伦·莫雷诺却选择了视而不见，最终韩国队在比赛进行到第88分钟时，由薛琦铉扳平比分，将比赛拖入了加时赛。

即便在加时赛阶段，意大利队依然是更有优势的一方。意大利队率先进球，原本可以以金球结束这场比赛，但裁判判罚越位在先，进球无效，另外因为托蒂涉嫌假摔，裁判向其出示第二张黄牌将其罚下。

在一系列倾向性明显的判罚过后，韩国队打进了"金球"，最后将意大利队淘汰出局。

这场比赛结束之后，特拉帕托尼当然出离愤怒。

在采访中，特拉帕托尼甚至间接指责国际足联命令裁判确保韩国队获胜，以便两个东道主球队之一能够留在世界杯中，这一点当然被时任国际足联主席约瑟夫·布拉特否认。

遭到了太多有争议的判罚，意大利媒体和球迷倒是同意特拉帕

意大利队

托尼的观点,但对于意大利队自身的问题,媒体和球迷并没有打算就此放过。特拉帕托尼领导下的糟糕表现和过度防守的比赛风格都成为他被批评的证据,尤其是在几场比赛中,特拉帕托尼通过换下前锋来确保胜利这一点,遭到了外界的一致痛批。

虽然特拉帕托尼执教下的意大利队在世界杯上表现不佳,但意大利足协当时并没有更换教练的想法,而是更愿意再给特拉帕托尼一次机会。

事实证明,这个想法是错误的。

2004年欧洲杯,特拉帕托尼不过是将自己的剧本重新上演了一遍。2004年欧洲杯预选赛,意大利队和威尔士队、塞尔维亚和黑山队、芬兰队、阿塞拜疆队被分在一组。8场比赛结束后,意大利队以5胜2平1负的战绩获得小组第一名,依旧通过了预选赛的考验。

但到了正赛阶段,意大利队故态复萌。

小组赛阶段,意大利队与丹麦队、瑞典队、保加利亚队被分在一组。

首场比赛,意大利队就未能取胜,只以0∶0的比分和丹麦队战成平局。第二场比赛也是一样未能取胜,安东尼奥·卡萨诺的进球一度帮助意大利队取得领先优势,但在比赛进行到第85分钟时,瑞典射手兹拉坦·伊布拉希莫维奇在意大利队球门前面对多名防守球员，以一个杂耍式的射门动作将球踢入球门，从而以1∶1的比分逼平了意大利队。

于是在小组赛最后一场比赛开打之前，积分形势就变得非常微妙：意大利队在前两场比赛分别战平了丹麦队和瑞典队，这让意大利队的积分为两分，而丹麦队和瑞典队除战平意大利队之外，都战胜了保加利亚队，两支球队的积分都为四分。

所以在第三场比赛结束之后，如果意大利队想要出线，意大利队就必须战胜保加利亚队，然后寄希望于丹麦队和瑞典队在直接较量中分出胜负，如果丹麦队和瑞典队战平，那么比分只有是0∶0，意大利队才能凭借相互战绩中的总进球数占优而挤进小组前两名。

结果在对阵保加利亚队的比赛中，意大利队自己险些掉链子。

比赛当中，反而是保加利亚队率先破门，这让急需取胜的意大利队陷入困境，尽管在下半场比赛，意大利队立刻扳平了比分，但却迟迟攻不进第二球，直至比赛进入伤停补时阶段，卡萨诺才打进了帮助意大利队取胜的第二球，以2∶1的比分战胜了保加利亚队。

这样一来，意大利队获得了三个积分，总积分达到五分。另一场比赛，丹麦队和瑞典队则以2∶2的比分战成平局，积分同样达到了五分。根据规则，积分相同的球队首先比拼相互之间的战绩，三支球队互相都战成了平局，所以分数、净胜球都一样，但由于在

意大利队

这三场平局的比赛中,瑞典队打进三球,丹麦队打进两球,意大利队只打进一球,于是意大利队就此被淘汰,结束了自己的欧洲杯之旅。

比赛结束后,意大利队立刻指责瑞典队和丹麦队操纵比赛,因为大家都知道,丹麦队和瑞典队的2∶2的比分结果将确保两支球队淘汰意大利队。

2012年,特拉帕托尼在采访时透露:"瑞典队对阵丹麦队的比赛,我记得那场比赛。你知道时任欧足联主席伦纳特·约翰逊说了什么吗?'如果这场比赛以平局结束,我们将展开调查',你知道他是否做出了调查吗?我还在等欧足联的调查。"

特拉帕托尼时代的两届大赛,意大利队都以极富争议的原因而早早打道回府,其中的猫腻当然值得意大利队感到愤怒,然而正如特拉帕托尼的批评者所给出的理由,如果意大利队自己的表现稍好,意大利队就可以不被这些场外因素影响。

而且,意大利队的球员不是打不出更好的表现。

第五章 防守足球盛世荣耀

◆ "银狐"时代登峰造极

于是,在2004年欧洲杯结束之后,特拉帕托尼离开了意大利队,2004年7月15日,马尔切洛·里皮成为继任者。

和特拉帕托尼类似,里皮也是一位非常成功的教练。接手意大利队之前,里皮已经有15座冠军奖杯傍身,而和特拉帕托尼不同的是,里皮的球队在比赛中的表现更加沉稳、老练,甚至经常流露出一种狡黠的气质,这也使得早早就长出白发的里皮从媒体那里得到了"银狐"的绰号。

尽管里皮执教的意大利队首秀表现不佳,以0:2的比分输给了弱旅冰岛队,但随着时间的推移,在更重要的2006年世界杯预选赛中,意大利队变得愈发稳定。

2006年世界杯预选赛,意大利队和挪威队、苏格兰队、斯洛文尼亚队、白俄罗斯队、摩尔多瓦队被分在一组。

预选赛初期,意大利队在客场以0:1的比分输给了斯洛文尼亚队,但在其余的比赛中,意大利队打出了不败的战绩,最终在10场比赛后,意大利队取得了7胜2平1负的战绩,以小组第一名的成绩晋

意大利队

级到2006年世界杯的正赛阶段。

在世界杯开幕前，意大利队在友谊赛中分别以3∶1和4∶1的比分击败了强大的荷兰队和德国队，这样的结果让球队上下都非常振奋，也对即将到来的世界杯充满了期待。

然而，在这个时候，丑闻再次飘到了意大利足坛的上空。

2006年5月，"电话门"事件被曝光。

根据媒体的报道，一些电话窃听记录显示，在2004—2005赛季和2005—2006赛季期间，意大利多家俱乐部的高级管理人员和裁判组织存在明显违规的关系，这些俱乐部从而被指控为自己的比赛选择对自己有利的裁判。这起事件牵涉到了那个赛季的意甲冠军尤文图斯队和其他几支球队，包括多位意大利队球员效力的佛罗伦萨队、拉齐奥队、AC米兰队等。

随着媒体的曝光，"电话门"事件快速发酵。2006年5月8日，时任意大利足协主席弗朗哥·卡拉罗宣布辞职，5月11日，尤文图斯俱乐部董事会全体辞职。原本要担任世界杯裁判的意大利裁判马西莫·德桑蒂斯，在接受调查后被意大利足协禁止出任裁判。

国内联赛的一系列动荡，让意大利队内的气氛也变得极为压抑。尽管没有多少球员直接涉事，但所效力的球队接受调查，球员也不得不担心起自己在下个赛季的工作情况。

在这种被动的情况下，里皮展现了自己作为名帅的手腕。

在意大利队的前线基地，里皮并没有让球员刻意屏蔽来自外界的消息，因为里皮知道这并没有什么用，反而会让球员更加担心。在球员因此被干扰得心神不宁的时候，里皮用一次短暂的演讲让球员平静了下来。

里皮演讲中的最后一句话，让意大利队的球员都重新振奋了起来："你们有义务和责任向全世界展示，意大利足球不是人们在报纸上所看到的那样。"

从此之后，意大利队甚至变得比"电话门"事件爆发之前更加团结，在潜移默化中，意大利队已经完成了蜕变。

小组赛阶段，意大利队和加纳队、捷克队、美国队被分在一组。

首场比赛，意大利队就表现得相当稳健，凭借安德烈亚·皮尔洛和温琴佐·亚昆塔的进球，以2∶0的比分轻松战胜了加纳队，用一场胜利给意大利队开了一个好头。

第二场比赛，意大利队的表现其实依旧不错，阿尔贝托·吉拉迪诺在比赛进行到第22分钟时就首开纪录，但在5分钟后，克里斯蒂安·扎卡尔多的乌龙球让比分变成了1∶1，最终意大利队没有踢进第二球，只收获了一场平局。

最后一场比赛，意大利队对阵捷克队，防守中没有出错的意大

意大利队

利队找回了第一场比赛的状态，马尔科·马特拉齐和因扎吉各进一球，让意大利队以2∶0的比分取得胜利，从而以2胜1平的成绩拿到了小组第一名，晋级到淘汰赛阶段。

小组赛阶段的状态如此之好，意大利队在淘汰赛本不该遇到太多的麻烦，尤其是在初期，但意大利队在1/8决赛就遇到了挫折。

对阵澳大利亚队的这场比赛，意大利队的表现的确一般，但也不是很差，然而在下半场比赛中，马特拉齐被裁判罚下，让意大利队立刻陷入了困境，场上形势也因此变得极为被动。

就在比赛即将进入加时赛的时候，意大利队的左后卫法比奥·格罗索制造了澳大利亚队在禁区内的犯规，从而在比赛的最后时刻为意大利队博得了一次点球的绝佳机会。客观说，这个点球判罚的确有些争议，而且罚中即可赢得比赛，压力一点都不小，然而站在点球点上的托蒂稳稳罚中，将意大利队带到了八强的行列之中。

经历了如此惊险的一场比赛，意大利队反倒是在1/4决赛打得相当轻松。

对阵乌克兰队时，意大利队以3∶0的比分轻松击败乌克兰队。詹卢卡·赞布罗塔在比赛进行到第6分钟时就帮助意大利队踢进第一球，下半场比赛，卢卡·托尼在10分钟内完成梅开二度，早早终结了这场比赛的悬念。

第五章 防守足球盛世荣耀

比赛结束之后，里皮将这场比赛的胜利献给了意大利队前球员詹卢卡·佩索托。受到"电话门"事件的影响，时任尤文图斯队领队的佩索托试图跳楼自杀，所幸只是遭受了重伤。

得知此事后，里皮允许几位来自尤文图斯队的球员，包括佩索托的挚友卡纳瓦罗、赞布罗塔和皮耶罗等人在紧张的赛程中临时离队，赶回意大利看望佩索托。

这一举动，再次让意大利队的士气上升。

等到意大利队重新集结，一场注定的恶战正在前面等着意大利队。

半决赛上，意大利队的对手是东道主德国队。主场作战，德国队自然表现得气势如虹，屡屡制造进攻威胁，然而意大利队凭借顽强的防守，同样表现得不卑不亢，门将布冯多次将德国队的射门拒之门外。

时间在一点点流逝，比分却仍旧僵持，于是在下半场比赛，里皮做出了他在职业生涯中最重要的几次调整，里皮逐步换上了吉拉迪诺、亚昆塔和皮耶罗，算上首发的托蒂，意大利队慢慢摆出了四名前锋。

这显然是里皮最为冒险的几次换人，但意大利队赌对了。在加时赛即将结束之际，格罗索和皮耶罗各进一球，意大利队在最后时刻赢得比赛，闯入了2006年世界杯的决赛。

意大利队

这是在1994年之后，意大利队再次来到了世界杯决赛的舞台之上。

这一次，意大利队的对手是法国队。

在临阵复出的老将齐内丁·齐达内的带领下，法国队在这届世界杯的表现同样出色，所以这场决赛，两支球队打得非常激烈。

比赛开始仅仅7分钟，齐达内就通过罚进点球帮助法国队取得了领先优势，然而在12分钟过后，马特拉齐用头球破门的方式为意大利队扳平比分。

在此后的时间里，双方都有打进制胜球的机会，但都未能抓住机会，1∶1的比分让比赛进入了加时赛。而在加时赛中，一起意外事故让比赛变得更为复杂。

当比赛进行到第110分钟时，齐达内和马特拉齐发生了言语上的纠纷，随后齐达内便用头顶撞了马特拉齐的胸口，在助理裁判的提醒下，齐达内被主裁判奥拉西奥·埃利松多出示红牌罚下。

马特拉齐究竟说了什么让齐达内如此愤怒，一直是国际足坛的悬案之一。直至多年以后，马特拉齐才在采访中还原了当时的事发经过。当时，马特拉齐在防守中拉扯了齐达内的球衣，齐达内便表示比赛结束后可以把球衣给马特拉齐，马特拉齐紧跟着就补了一句："我更想要你的姐姐。"

此话一出，齐达内勃然大怒，便有了此后的事情。

马特拉齐的主动挑衅当然是足球运动中不光彩的举动，然而这种事情也是足球运动中始终存在的一部分，只能说齐达内中了马特拉齐的圈套，而意大利队则因此受益。

齐达内被罚下之后，意大利队拿到了场上的主动权，但比赛时间也很快结束，从而进入了点球大战的环节。在点球大战中，意大利队五罚全中，而在2000年欧洲杯决赛打进"金球"、帮助法国队击败意大利队的特雷泽盖则罚丢了点球，意大利队就此夺得冠军，这也是意大利队历史上的第四个世界杯冠军。

这让意大利队仅次于获得五次世界杯冠军的巴西队，就此成为全世界第二成功的球队。

整个2006年世界杯期间，里皮率领的意大利队给人留下了很深刻的印象。

意大利队总共打进12球，而仅仅丢掉了两球，其中一球还是自己打进的乌龙球，所以里皮所打造的防守体系，延续了意大利队防守顽强的优良传统。

在里皮所设计的战术中，托蒂和皮尔洛分别处于中场区域的前后两端，主要负责控制球和开展进攻，所以在托蒂和皮尔洛的身边，里皮布置了大量的勤奋且强壮的球员，为托蒂和皮尔洛保驾护航，这让意大利队在进攻端和防守端形成了良好的平衡。

意大利队

在世界杯期间，里皮更让人称道的是在比赛中途的调整能力。在意大利队打入的12球当中，有5球是替补球员登场后攻入的，占比接近百分之五十。所以，不管是在首发还是在调整阶段，里皮都为意大利队做好了足够完备的预案。

这是意大利队能够在2006年世界杯夺得冠军的重要基础。

然而，如此优秀的主教练，在2006年世界杯之前就宣布将会在世界杯后离任。

"电话门"事件中，里皮由于与尤文图斯队此前长期合作的关系和历史而备受无端的指责，里皮的儿子因为从事球员的经纪工作，也在此次事件中受到波及，所以世界杯夺冠的结果并没有改变里皮最初的想法。

在意大利队夺冠的三天后，里皮结束了自己在意大利队教练位置上的任期。

意大利队向来是一支不断遭受纷扰的球队。

2000年，佐夫率领的意大利队同样表现出色，但仅仅因为没有夺冠，佐夫便受到了外界不公正的指责，这让意大利队本来向上的发展势头被打断。

特拉帕托尼时代的意大利队，不仅受到了不公正的待遇，而且在特拉帕托尼的管理下，意大利队的表现仍然是糟糕的。最终，是里皮证明了这支球队、这批球员的上限有多高。

然而,"电话门"事件本身,包括此后对"电话门"事件的处理结果,带来的影响是极为深远的。从某种角度来说,"电话门"事件确实起到了提振意大利队的意外效果,但在世界杯结束之后,里皮的离职也是受"电话门"事件波及的结果,这名优秀的教练本该在意大利队执教更长的时间。

不过,就此结束的只是里皮在意大利队的第一段任期。

回首这一阶段,意大利队的整体表现其实是非常出色的。纵观意大利队的历史,"蓝衣军团"虽然夺得4次世界杯冠军,但是前两次的夺冠略有争议,而1982年世界杯的冠军,距离现在的球迷又有点遥远。所以说2006年世界杯的冠军,是如今大多数意大利队球迷的幸福时刻。

2006年的意大利队,肯定不是历史上最强的意大利队,但是球队展现出来的精神面貌,应该是历史上最佳的。那固若金汤的防守,以及众志成城的决心,成就了2006年的意大利队,也成就了世界足坛历史上一段伟大的征程。

很多人喜欢意大利队,或者说很多人成为意大利队球迷,离不开意大利队风格的呈现。那么2006年的意大利队,就是无数球迷心中真正的"意大利队",也是意大利队在21世纪的巅峰时刻。

意大利队

现如今,随着时间的流逝,2006年世界杯的辉煌对于意大利队来说已经是过去式。但是,美好的故事,注定要被多次提起;美妙的征程,也注定要被铭记。

第六章

顶峰之后摸索前行

历史的浪潮终归难以阻挡,意大利队在2014年世界杯上表现不佳就是例证,这不是教练能够扭转的趋势,而是整个意大利社会要解决的问题。

——引语

意大利队

◆ 混乱中需要改变

里皮离职后，意大利足协为意大利队选定的教练让人非常惊讶，新教练的名字叫作罗伯托·多纳多尼。

球员时代，多纳多尼是一名很不错的球员，还是意大利队在20世纪90年代的主力球员。然而在退役之后，多纳多尼的执教生涯并不顺利，接手意大利队之前，他的几段俱乐部生涯都没有特别亮眼的表现。

所以和特拉帕托尼、里皮完全不同，作为教练，多纳多尼并不成功，甚至都不够有经验，2006年的时候，多纳多尼年仅43岁。

这样一名年轻的教练，能带来的为数不多的好处就是能让球队多一些快活的气氛。但是，如果无法赢球，这种快活的气氛就会迅速消失。

多纳多尼带队的前三场比赛，意大利队一场未胜，其中就包括两场2008年欧洲杯预选赛。

2008年欧洲杯预选赛，意大利队和法国队、苏格兰队、乌克兰队、立陶宛队、格鲁吉亚队、法罗群岛队被分在一组。前两场比赛不胜，且以1∶3的比分输给了法国队之后，多纳多尼终于提振了意大利队的表现和战绩，取得了五连胜的战绩，直至在主场以0∶0的比分战平法国队，连胜的势头才被打断。

作为世界杯冠军，意大利队在预选赛阶段没有太大的压力。

尽管在这段时间，皮耶罗和托蒂都没有深度参与意大利队的比赛，但意大利队并未受到太大的影响。整个预选赛阶段，意大利队在12场比赛后取得了9胜2平1负的战绩，以小组第一名的成绩晋级2008年欧洲杯正赛。

随着时间的推移，2006年世界杯冠军一代的成员已经逐渐老去。到了2008年欧洲杯期间，托蒂已经31岁，皮耶罗更是已经年满33岁。所以托蒂在这届欧洲杯的前一年宣布退出国家队，而皮耶罗虽然入选了意大利队的大名单，但大部分时间都坐在替补席上。

意大利队已经需要开始新老更替，然而在2008年欧洲杯上，运气也没有帮助意大利队。

2008年欧洲杯，意大利队落入了"死亡之组"。

在同组对手为荷兰队、罗马尼亚队和法国队的情况下，多纳多尼的压力变得极其沉重，尤其是在首场比赛以0∶3的比分完败于荷兰队之后，多纳多尼被推到绝境。

此后的两场比赛，意大利队只能背水一战。第二场比赛对阵罗

意大利队

马尼亚队，在阿德里安·穆图帮助罗马尼亚队先进一球的情况下，克里斯蒂安·帕努奇紧随其后的进球帮助意大利队扳平比分，也在比赛结束后让意大利队获得了一场平局。

很显然，意大利队需要在最后一场比赛取得一场胜利，而意大利队的对手是法国队。这一次意大利队相对轻松地赢得了比赛，皮尔洛和达尼埃莱·德罗西的进球让意大利队以2∶0的比分取得胜利，也让意大利队以小组第二名的成绩晋级淘汰赛。

晋级淘汰赛的结果并未改善意大利队的表现，也没有改善意大利队的运气，淘汰赛第一场，意大利队就遇到了西班牙队。

这场比赛，意大利队全程都处于下风，很难对西班牙队形成反制，只能依靠自己的防守来抵御对手的进攻，于是0∶0的比分一直保持到了加时赛结束。点球大战中，西班牙队五罚四中，而意大利队的德罗西和安东尼奥·迪纳塔莱都将点球罚丢，最后意大利队止步于1/4决赛。

没能晋级欧洲杯四强，意大利足协选择触发与多纳多尼合同中的解雇条款，于是意大利队主帅的位置再次出现了空缺，意大利足协请回了里皮。

在当时看来，这是一个经过时间和战绩验证的正确决定。没有了里皮的意大利队失去了往日的竞争力，如今里皮回来了，意大利队就该重新走上正轨了。

从理论上而言，这是一个正确的逻辑推导；而从实际上来说，意大利队似乎也证明了这个逻辑是正确的。在2010年世界杯预选赛上，意大利队打出了7胜3平的不败战绩，毫无悬念地获得了小组第一名的成绩，从而晋级到了2010年世界杯的正赛阶段。

然而在这10场比赛中，意大利队丢掉了7球，这完全不是意大利队应该具备的防守水平。

这样的担忧，在2009年南非举办的联合会杯上得到了印证。

在联合会杯上，意大利队3战1胜2负，以0∶3的比分输给巴西队尚且情有可原，毕竟巴西队实力出众，但以0∶1的比分输给埃及队，说明里皮的战术在攻防两端都出现了明显的问题。

这个成绩让意大利队没能从小组中出线，布冯当时就在采访中表示意大利队已经没有了足够的竞争力，里皮无法否认，只能尽力安慰球队。

在2010年世界杯前，里皮的计划被球员出现的伤病频频打乱，不愿征召卡萨诺和马里奥·巴洛特利，尤其是没有征召表现非常出色的年轻球员朱塞佩·罗西，也让里皮在世界杯前就开始遭受质疑。

最终，里皮选择相信2006年夺得冠军的球员，经过4年这些球员

意大利队

已经变成老将了。

2010年世界杯，意大利队的签运其实还算不错。

巴拉圭队、斯洛伐克队、新西兰队，在纸面实力上都和意大利队有些差距，但到了场上，意大利队纸面上的强大立刻就被戳破。

前两场比赛，意大利队都未能取胜，都以1∶1的比分战平了巴拉圭队和新西兰队。在比赛当中，意大利队都是率先丢球、最后艰难扳平的那一方，所以相较于未能取胜，未能输球已经是一个不错的结果了。

前两场比赛没有输球，这使得意大利队在最后一场比赛中只要不输给斯洛伐克队，仍然有小组出线的可能性，然而在比赛进行到第73分钟时，斯洛伐克队一度建立了2∶0的领先优势，意大利队出局的命运已经很难更改。

比赛最后的十几分钟，迪纳塔莱扳回一分，但在常规时间结束前两分钟，斯洛伐克队再进一球，将比分优势再次拉回到两球，这也使得法比奥·夸利亚雷拉在伤停补时阶段的进球成为无用功，意大利队以2∶3的比分输掉比赛，小组排名也跌到了第四名的位置上。

"你们可以随意审判，但请不要侮辱这支球队。至于我自己，你们做你们的审判，我做我的自我谴责。"

比赛结束后，里皮在赛后的新闻发布会留下这样一句话后，直接离场。

上一届世界杯冠军球队未能晋级十六强，在2002年世界杯上的法国队之后已经不再稀奇，但里皮率领的意大利队表现得如此糟糕，还是让人相当不解。然而随着里皮与意大利足协的合同到期，愤怒已经没有了意义，意大利队必须开始重建。

其实在世界杯之前，意大利足协就已经敲定了里皮的继任者，新教练是切萨雷·普兰德利。

普兰德利上任之后，立刻开始了对意大利队的改造。普兰德利将卡萨诺重新征召进入意大利队，也让巴洛特利在意大利队得到了更多的出场机会。至于里皮所重用的老将们，普兰德利放弃了卡纳瓦罗，将队长袖标交给布冯。

一系列操作过后，意大利队立刻就看到了改变的效果，比如在2012年欧洲杯预选赛上，为意大利队打进第一球的就是卡萨诺。

◆ 成为王朝的背景

2012年欧洲杯预选赛，意大利队和爱沙尼亚队、塞尔维亚队、斯洛文尼亚队、北爱尔兰队、法罗群岛队被分在一组。

意大利队

对手实力不强，加之普兰德利带来的全新氛围，这一切都让意大利队焕发了新的生机。10场比赛中，意大利队取得了8胜2平的不败战绩，卡萨诺打进6球，是意大利队内的最佳射手。

很显然，普兰德利的改变带来了预想中的效果。

尽管这些球员的实力或许达不到夺得冠军的高度，但至少能够让意大利队维持在基本的竞争行列中，这是在经过2008年欧洲杯和2010年世界杯之后，意大利队首先需要做到的事情。

普兰德利和球员证明了，他们可以做到这件事情。

2012年欧洲杯，意大利队和西班牙队、克罗地亚队、爱尔兰队被分在一组。

首场比赛，小组内实力最强的两支球队狭路相逢。面对2008年欧洲杯冠军和2010年世界杯冠军，意大利队毫无惧色，用意大利人的传统智慧与强大的西班牙队进行周旋。

在比赛当中，率先进球的意大利队本可以更早取得进球。

在比赛进行到第53分钟时，首发的巴洛特利获得了一次黄金般的机会，抓住了西班牙后卫的失误，但接下来，巴洛特利犹豫不决的动作让回追的西班牙后卫及时赶到，将球破坏。

此后不久，巴洛特利便被普兰德利换下，而替补登场的迪纳塔莱在比赛第61分钟首开纪录，但意大利队的领先优势仅仅维持了四分钟，西班牙队就将比分扳平。

最终，这场比赛以比分为1∶1的平局收场，两支球队各得一分。

第二场比赛，意大利队也未能取胜，还是以1∶1的比分和克罗地亚队战成了平局。

连续两场比赛的平局结果，不仅让意大利队在小组出线的竞争中处于下风，而且也让普兰德利蒙受了不少的批评。

于是在第三场比赛对阵爱尔兰队时，普兰德利改变了意大利队的战术，从前两场比赛的"352"阵形改为"442"阵形，改变效果是立竿见影的，因为意大利队凭借卡萨诺和巴洛特利的进球，以2∶0的比分战胜了爱尔兰队。

凭借这场比赛的胜利，意大利队在最后一轮逆风翻盘，以小组第二的名次晋级到了淘汰赛阶段。

在普兰德利的视角里，这显然是改变战术体系的功劳，于是普兰德利自然而然地沿用了这个为意大利队带来胜利的战术体系，然而足球比赛的有趣之处就在这里：你很难确定是哪个因素的变化导致了前后结果的不同，或许是战术体系的变更，或许只是球员经过两场比赛的适应，逐渐进入了比赛状态，从而帮助球队赢得了比赛。

在1/4决赛对阵英格兰队，普兰德利的战术体系并未生效。

2012年欧洲杯的英格兰队，其实并不算强。欧洲杯开幕前刚刚

意大利队

换帅的英格兰队，在此前的小组赛里打得也是磕磕绊绊，然而就是这样一支英格兰队，在几乎没有还手之力的情况下，还是将意大利队拖入了点球大战当中。

进入点球大战的环节，当时的英格兰队仍不擅长，所以英格兰队四罚仅两中，这使得意大利队即使罚失一个球也变得无伤大雅，最终意大利队凭借点球大战的胜利晋级四强。

对阵德国队，这确实是一场硬仗。

意大利队在这场比赛表现不错，但表现更好的其实是巴洛特利。巴洛特利是历史上第一位代表意大利队参加欧洲杯、世界杯等国际大赛的黑人球员，而巴洛特利确实展现了意大利其他前锋都不曾具备的冲击力。在踢进第二球后，巴洛特利脱下球衣，一动不动地展示着自己的肌肉，这成为一个著名的庆祝动作。

巴洛特利在上半场就完成了梅开二度，而德国队全场都不着要点，直至比赛临近结束时才扳回一球，但时间早已不站在德国队的一边。

于是，意大利队以2∶1的比分击败了德国队，闯进了决赛，而决赛的对手是意大利队在小组赛就遇到的西班牙队。

小组赛和西班牙队战成了比分为1∶1的平局，意大利队当然觉得自己可以与强大的西班牙队一战，然而和小组赛第一场不同的是，意大利队的战术体系已经发生了变化。

或许是这个战术体系变动的原因，让意大利队闯进了决赛，但对阵几乎同样的对手球员，自己甚至有了状态更好的前锋，意大利队却在决赛场上一触即溃。

整场比赛，意大利队的表现都不够好，而西班牙队则在比赛进行到第14分钟时就收获进球，在上半场结束时将比分优势扩大到了两球，而在全场比赛结束时，比分已经变成了4∶0。

这是意大利队自1955年以来最惨重的一次失利，也是国际大赛决赛中少有的一边倒的比赛。尽管由于球员受伤而换人名额已经耗尽，意大利队在最后30分钟一直处于少打一人的状态，但这依然无法掩盖意大利队发挥不佳的事实。

当然，尽管没有夺得冠军，决赛的表现也不够好，但和2008年欧洲杯和2010年世界杯相比，意大利队还是发生了明显的蜕变，所以普兰德利和意大利队在回国时还是受到了热烈的欢迎，并在意大利总统官邸奎里纳尔宫举行的官方招待会上，得到了时任意大利总统乔治·纳波利塔诺的接见和致意。

2012年欧洲杯的结果，让普兰德利得以继续执教意大利队，普兰德利也获得了更多的权威。这让意大利队在2014年世界杯预选赛上表现不错，在10场比赛之后，打出了6胜4平的不败战绩，再次以

意大利队

小组第一的名次进入2014年世界杯的正赛阶段。

在2013年，意大利队还参加了在巴西举办的联合会杯比赛。虽然意大利队并没有获得欧洲杯冠军，但因为西班牙队夺得了世界杯和欧洲杯冠军，所以欧洲球队的名额让渡给了欧洲杯亚军，这让意大利队得以参加比赛。

在联合会杯上，意大利队表现也不错。小组赛阶段，意大利队战胜了墨西哥队和日本队，但输给了巴西队，这并未影响意大利队从小组出线。在半决赛，意大利队再次输给了西班牙队，这次意大利队和西班牙队鏖战到了加时赛，点球大战也打到了第七轮，意大利队才输掉比赛。

最终，意大利队在季军赛中战胜乌拉圭队，获得了这届联合会杯的季军称号。

这些不错的表现都让意大利队在2014年世界杯上的前景相当美好。然而在这届世界杯上，意大利队被分进了"死亡之组"。

在小组赛中，意大利队与英格兰队、乌拉圭队、哥斯达黎加队被分在一组。首场比赛，意大利队表现不错，以2∶1的比分战胜了英格兰队，获得了关键性的胜利，然而在第二场比赛中，面对实力相对最弱的哥斯达黎加队，在比赛进行到第44分钟时，意大利队被布赖恩·鲁伊斯攻入一球，反而以0∶1的比分输掉了比赛。

第六章　顶峰之后摸索前行

在这种情况下，意大利队需要在第三场比赛对阵乌拉圭队时打出良好的表现，至少不能输球，就还能保有出线的希望。然而在下半场比赛，意大利队先是经历了被罚下一人的打击，随后乌拉圭队前锋路易斯·苏亚雷斯咬了意大利队后卫吉奥吉奥·基耶利尼的肩膀，却没有被罚下场。就在苏亚雷斯咬人的两分钟后，乌拉圭队球员迭戈·戈丁头球破门，帮助乌拉圭队以1∶0的比分取得比赛的胜利，并淘汰了意大利队。

这使得意大利队连续两次未能进入世界杯正赛的十六强。

在赛后的新闻发布会上，普兰德利宣布自己将会辞职。

发生变动的还不仅是主教练。当时担任意大利足协主席的吉安卡洛·阿贝特也在世界杯结束后宣布辞职，所以在2014年夏天，意大利足坛发生了翻天覆地的变化。

在卡洛·塔韦基奥成为新任意大利足协主席之后，意大利队的新帅也正式出炉，意大利队前球员孔蒂成为意大利队新帅。

退役之后，孔蒂转型成为一名教练。帮助尤文图斯队收获了意甲三连冠之后，孔蒂在2014年夏天和球队管理层发生了理念层面的争执，于是他选择辞职，并在之后接过了意大利队的教练职务。

意大利队

◆ 时代告别的浪潮

从这件事情就能看得出来,哪怕成为教练,孔蒂的性格还是没有变化,和其球员时期一样强硬,而打造一支强硬的球队,也是孔蒂一贯的目标。

于是,在接手意大利队的工作之后,孔蒂几乎立刻抛弃了巴洛特利、卡萨诺这些富有才华但并不容易管理的球员,取而代之的则是西蒙尼·扎扎、格拉齐亚诺·佩莱、埃德尔·西塔丁·马丁斯这些更具战斗精神的球员。

于是在大刀阔斧的改革之下,意大利队立刻转变了比赛风格,也在这种风格下取得了成功。2016年欧洲杯预选赛,意大利队在10场比赛中取得了7胜3平的不败战绩,还是以小组第一的名次晋级到了欧洲杯的正赛阶段。

但是,意大利队的模样,已经和普兰德利的时代发生了巨大的变化。

鲜明的战术风格,必定会让孔蒂率领的意大利队得到一部分人的欣赏,也得到另一部分人的鄙视,然而这一切注定都是短暂的。

第六章　顶峰之后摸索前行

2016年3月,孔蒂就表示自己将会在欧洲杯结束后离职,意大利足协也早早做好了预案,孔蒂本身还是更想执教俱乐部,所以执教意大利队只是其教练生涯的短暂插曲。但即便如此,孔蒂也希望能演奏好这短暂的一个章节。

2016年欧洲杯,意大利队和比利时队、爱尔兰队、瑞典队被分在一组。首场比赛,意大利队就以2∶0的比分战胜了优秀球员处于井喷期的比利时队,孔蒂的战术风格也得到了淋漓尽致的体现,意大利队全场都处于高强度的比赛状态,让场边的球迷看得血脉偾张。

第二场比赛,虽然进球只有一个,但意大利队还是凭借埃德尔在比赛进行到第88分钟的进球,以1∶0的比分战胜了瑞典队。

最后一场比赛,已经锁定出线名额的意大利队以0∶1的比分输给了爱尔兰队,这一结果已经无伤大雅,强悍的意大利队已经做好了淘汰赛的准备。

1/8决赛时,意大利队遭遇了西班牙队。在这场比赛中,孔蒂率领的意大利队再次展现出了远超对手的战斗意志,西班牙队的技术优势则很难威胁到意大利队的球门。于是凭借基耶利尼和佩莱的进球,意大利队以2∶0的比分击败了西班牙队,强势晋级八强。

1/4决赛中,意大利队再遇强敌。面对2014年世界杯冠军德国队,意大利队不卑不亢,哪怕面对先丢一球的困境,还是凭借莱昂

意大利队

纳多·博努奇罚入点球，顽强地扳平了比分，并且将1∶1的比分保持到了加时赛结束。

可惜的是，意大利队在点球大战中和德国队鏖战整整九轮，最后还是输掉了比赛。

虽然意大利队只打到了八强，但意大利队在2016年欧洲杯上的表现，还是得到了外界的赞扬。

当然了，大部分赞扬都和孔蒂有关，媒体认为孔蒂让意大利队展现了团结、强悍和难以被击败的一面，展现出了意大利队的精神气质。

从某种角度来说，这正是意大利队自2006年来比较稀缺的精神。

随着托蒂、皮耶罗等人的淡出和退役，年轻一辈的实力无法达到前人的高度，意大利队自2006年世界杯之后的发展轨迹只能是一路向下，但因为意大利队还有出色的教练，这让意大利队在2012年和2016年两届欧洲杯中踢出了不错的成绩。

历史的浪潮终归难以阻挡，意大利队在2014年世界杯上表现不佳就是例证，这不是教练能够扭转的趋势，而是整个意大利社会要解决的问题。

此后的意大利队，证明了这一点。

第七章

黑暗与光明并行

虽然连续无缘两届世界杯,但曼奇尼率领的意大利队终归创造了全新的历史。

——引语

意大利队

◆ 被扔进万丈深渊

早在2016年世界杯开幕之前,意大利足协就选定了意大利队主教练的继任者,这个注定艰难的职责被交给了詹皮耶罗·文图拉。

作为球员,文图拉并不成功。成为教练之后,文图拉的足迹遍布意甲的不少球队,但也都没有什么成功的经历。

所以,从一开始外界就并不看好文图拉执教意大利队的前景。而在文图拉的首秀上,意大利队在主场以1∶3的比分输给法国队,更是加深了外界对文图拉的最初印象。

然而,输给强队虽然意味着有可能无法夺得冠军,但不见得不能参加世界杯,至少在2018年世界杯预选赛上,意大利队的表现还说得过去。

2018年世界杯预选赛,意大利队和西班牙队、阿尔巴尼亚队、以色列队、马其顿队、列支敦士登队被分在一组。

除了西班牙队之外,意大利队不应该在其他对手身上丢掉分数。而在第二场比赛,意大利队在主场以1∶1的比分战平西班牙队,还是让人看到了意大利队竞争小组第一名的一丝可能性。

第七章　黑暗与光明并行

然而在2017年9月2日，意大利队在客场以0∶3的比分完败于西班牙队，还是暴露了与对手之间的巨大差距。

意大利队处于下滑周期，这一点很多人都愿意承认，然而真正值得警醒的是意大利队在预选赛的倒数第二场比赛，意大利队在主场被马其顿队以1∶1的比分逼平。

如果无法稳定地击败比自己弱小的对手，那意大利队就会有输掉更重要的比赛的可能。

最终，意大利队在10场比赛中取得了7胜2平1负，这是一个还不错的成绩，但因为拿到9胜1平战绩的西班牙队的存在，意大利队只能排在小组第二名，只能尝试着通过附加赛来获得参加2018年世界杯的资格。

附加赛上，意大利队的对手是瑞典队。从理论上来说，瑞典队不是意大利队的对手，然而在客场的比赛进行到第61分钟时，瑞典队球员雅各布·约翰森攻入了比赛的唯一进球，意大利队以0∶1的比分输掉了首回合的比赛。

次回合中，意大利队有了主场优势，但在90分钟的不间断尝试后，意大利队还是无法收获最重要的进球，最终在比赛的终场哨响时，比分依旧是0∶0。这样一来，瑞典队就以1∶0的总比分闯进了2018年世界杯，意大利队则被拒之门外。

意大利队

要知道，这是自1958年以来，意大利队首次无缘世界杯。

这场失利的打击是如此之大，以至于在比赛结束之后，老将基耶利尼、安德里亚·巴尔扎利、德罗西和队长布冯都宣布退出意大利队。

而在赛后发布会上，文图拉也为这个结果向意大利队球迷道歉："我为这个结果向意大利人道歉。没有意大利参加的世界杯真是太可怕了，但现在已经结束了，我对此无能为力。"

然而，文图拉并不愿意辞职。在文图拉看来，尽管无缘世界杯，但意大利队在过去两年内仅输掉了两场正式比赛，这个战绩是过去40年来最好的战绩之一。

但在无缘世界杯这个最终结果面前，文图拉必须为此负责，所以在其拒绝辞职的情况下，意大利足协选择解雇文图拉，意大利足协主席卡洛·塔韦基奥也在五天后宣布辞职。

这显然是意大利队在历史上的最低点，也是意大利队最为动荡的时刻。

2018年2月5日，意大利足协暂时任命意大利21岁以下国家队主教练路易吉·迪比亚吉奥临时代理意大利队，而在迪比亚吉奥带队期间，尽管布冯和基耶利尼都已经宣布退出，但迪比亚吉奥还是征召了布冯和基耶利尼参加2018年3月的友谊赛。两场友谊赛没能取胜之后，意大利在国际足联的世界排名下降了六位，跌到了当时的最低纪录——国际足联世界排名第20位。

有时，一支不断下滑的球队就像一支不断下跌的股票，当下滑得足够多的时候，总有人会愿意"抄底"，2018年5月，这个抄底的人叫作曼奇尼。

◆ 深渊中艰难自救

在意大利队经历无尽痛苦的时候，任何的改变都非常容易做出。

曼奇尼上任之后，便开始呼吁重振处于全面危机中的意大利队。所以，从一开始曼奇尼就进行大规模的新老交替，排除了大多数的老球员，并为年轻球员提供了更多的成长空间，比如莫伊塞·基恩、尼科洛·扎尼奥洛、多梅尼科·贝拉尔迪等人。

2018年，一项名为欧洲国家联赛的全新赛事正式被创建。虽然意大利队在此前的比赛中表现不佳，但仍被列为A级联赛的一员。在小组赛阶段，意大利队和葡萄牙队、波兰队被分在一组。

这是曼奇尼率领的意大利队参加的首次正式比赛。

意大利队

4场比赛，意大利队只获得了1胜2平1负的平庸战绩，但对阵波兰队的两场比赛保持不败，包括在主场以0∶0的比分逼平葡萄牙队，这让意大利队完成了留在A级联赛的既定目标。

很显然，曼奇尼率领的意大利队还在建设的过程当中，而这项友谊赛性质浓厚的赛事也并不重要，曼奇尼需要在2020欧洲杯预选赛中，拿出真正过硬的表现。

2020欧洲杯预选赛，意大利队和芬兰队、希腊队、波斯尼亚和黑塞哥维那队、亚美尼亚队、列支敦士登队被分在一组。

在这个小组当中，意大利队的纸面实力最强，也并没有能和意大利队一较高下的强劲对手，然而，意大利队的表现还是让人非常惊讶：10场比赛，意大利队获得了全部的胜利。

由于新冠疫情的暴发，2020欧洲杯被延期一年举行。

对于意大利队来说，延期一年，这显然是一个好消息，意大利队的年轻球员可以变得更加成熟，也就更有可能在2021年举办的欧洲杯中打出好成绩。

而在2020年底，意大利队参加了2020—2021赛季欧洲国家联赛。小组赛阶段，意大利队和荷兰队、波兰队、波斯尼亚和黑塞哥维那队被分在一组，这6场比赛，意大利队获得了3胜3平的不败战绩，状态依旧出色。

第七章　黑暗与光明并行

尤其是在对阵荷兰队的两个回合中，意大利队的表现都很出色。意大利队先是在主场凭借尼科洛·巴雷拉的进球战胜了荷兰队，随后又在客场以1∶1的比分逼平了荷兰队，这场比赛为意大利队斩获进球的球员是洛伦佐·佩莱格里尼。

这样的成绩，让意大利队得以参加在2021年举行的淘汰赛，但在这之前，意大利队更大的任务是欧洲杯的角逐。

2020欧洲杯采用了无主办国的模式，整届赛事将在欧洲的13个大城市分散举办，其中，罗马的奥林匹克体育场将举办三场小组赛和一场1/4决赛，意大利队就此拥有了主场优势。

在球队层面，曼奇尼和球员也已经准备好了。经过三年的准备和过去两年的优异成绩作为基础，曼奇尼组建了一支有着足够竞争力的球队，将巴雷拉、费德里科·基耶萨、詹路易吉·唐纳鲁马和曼努埃尔·洛卡特利等年轻球员与博努奇、基耶利尼这些拥有丰富经验的老球员有机地结合在了一起。

而在战术上，意大利队也有了显著的变化。

小组赛阶段，意大利队和威尔士队、瑞士队、土耳其队被分在一组。

首场比赛，意大利队就表现得相当强势，不过年轻球员挑大梁，难免会在主场出现急躁情绪，直至比赛第53分钟，占据优

意大利队

势的意大利队才收获了第一球,而这一球也是土耳其球员的自摆乌龙。

这一层窗户纸被捅破,意大利队的进球便纷至沓来,西罗·因莫比莱和洛伦佐·因西涅各入一球,从而帮助意大利队以3∶0的比分收获了开门红。

第二场比赛,意大利队的表现就稳健了许多,上半场就收获了进球,而且在全场比赛都处于局势占优的状态中,洛卡特利梅开二度,因莫比莱再进一球,意大利队又用一个3∶0的比分战胜了对手。

取得两场胜利之后,意大利队已经锁定了出线名额,所以曼奇尼在第三场比赛对阵威尔士队时,选择了轮换阵容,让一些替补球员获得了更多的出场机会。

即便是这样,意大利队的表现也没有出现明显的下滑,马泰奥·佩西纳的进球让意大利队以1∶0的比分击败了威尔士队,从而收获了重要的三连胜。三场比赛保持不失球的成绩,这在欧洲杯历史上还是第一次有球队做到。

很显然,这个结果对意大利队的年轻球员是一个绝佳的激励,让年轻球员有了更多的斗志来迎接淘汰赛阶段的比赛。

1/8决赛,意大利队遭遇了积极进取、纪律严明的奥地利队。

无论意大利队在常规时间中多么努力,奥地利队还是将0∶0的

第七章 黑暗与光明并行

比分保持到了90分钟结束,然而在加时赛中,实力有限的奥地利队没能坚持更长的时间,基耶萨和佩西纳的进球让意大利队在10分钟内就创造了领先两球的优势,让萨沙·卡拉季奇为奥地利队扳回一分的进球变得徒劳无功,也让意大利队闯进了1/4决赛。

1/4决赛,意大利队和强大的比利时队不期而遇。这是意大利队在本届欧洲杯遇到的第一支实力足够强大的球队,然而意大利队的表现依然惊艳,在上半场尚未结束的时候,巴雷拉和因西涅就各进一球,尽管罗梅卢·卢卡库很快就为比利时队扳回一分,但收效甚微,意大利队还是以2∶1的比分击败了对手。

不知不觉当中,意大利队的表现已经超越了2016年欧洲杯的战绩,接下来的每一场比赛都是对意大利队的鼓舞,而意大利队也做到了这一点。

半决赛对阵西班牙队,这是两支球队连续四次在欧洲杯上相遇。在一场以控球为主的胶着比赛中,0∶0的比分直到第60分钟才由意大利队的基耶萨改写,然而在20分钟后,替补登场的阿尔瓦罗·莫拉塔为西班牙队扳平了比分,1∶1的比分一直维持到了加时赛结束,比赛需要通过点球大战来分出胜负。

在点球大战中,洛卡特利和丹尼尔·卡瓦哈尔都未能为各自的球队打进第一个点球。点球大战来到第四轮,唐纳鲁马扑出了

149

意大利队

莫拉塔的点球，随后若日尼奥罚进点球，带领意大利闯入自2012年以来的首次欧洲杯决赛，这是意大利队历史上第四次参加欧洲杯决赛。

在伦敦的温布利球场举行的欧洲杯决赛上，曼奇尼率领的意大利队在超过67000名观众面前挑战主场作战的英格兰队，其中只有6000名意大利队球迷在为其摇旗呐喊。

在这场比赛中，意大利队遭遇了在本届欧洲杯中首次落后的局面。比赛仅仅进行了两分钟，卢克·肖就帮助英格兰队取得比分的领先优势，但在下半场，博努奇帮助意大利队扳平了比分。

鉴于加时赛结束时，两支球队依旧保持着1∶1的比分，所以就像半决赛一样，决赛的结果依然要通过点球大战来决定。

在无缘2018年世界杯之后闯进欧洲杯决赛，意大利队已经完成了提高战绩的基本目标，所以在点球点前，意大利队球员显得更加从容，而在主场作战的英格兰队则背负着夺得冠军的沉重压力。

点球大战的最后三轮，英格兰队的三名球员都罚失了点球，尤其是在最后一轮，在若日尼奥罚失的情况下，唐纳鲁马扑出了英格兰队球员布卡约·萨卡的点球，从而让意大利队在2006年之后再次获得了国际大赛的冠军奖杯。和2006年世界杯冠军成员一样，欧洲杯冠军的所有成员都被授予了意大利骑士功绩勋章。

◆ 自救中再入深渊

2020欧洲杯，意大利队确实是表现最为出色的球队，然而这一切是很难持续的。

因为在这一届欧洲杯上，曼奇尼一改此前意大利队重视防守、节奏缓慢的模样，在战术上向着控制球权、压迫对手的方向进行改变，这当然让意大利队的进攻有了很大的提升，也让意大利队的比赛变得激动人心，然而前场进攻失败所导致的风险，实际上都由博努奇和基耶利尼两位老将的体能和经验兜底。

博努奇和基耶利尼的能力当然出色，但这两位球员的年龄越来越大，身体也越来越难以负荷，意大利队该如何构筑同样的防守水平呢？

所以，欧洲杯冠军当然是一次成功，但其中的偶然性也不可忽视。

在欧洲杯结束后，曼奇尼带领意大利队一度取得了37场不败的战绩，超越了巴西队和西班牙队创下的35场不败的世界纪录。

意大利队

然而，在2020—2021赛季的欧洲国家联赛半决赛中，意大利队以1∶2的比分输给了西班牙队，随后在季军赛中以2∶1的比分战胜了比利时队，获得了这届欧洲国家联赛的第三名。

而在更重要的2022年世界杯预选赛中，意大利队和瑞士队、北爱尔兰队、保加利亚队、立陶宛队被分在一组。8场比赛里，意大利队仅仅取得了4胜4平的战绩，尤其是在最后两场比赛中，意大利队分别在和瑞士队、北爱尔兰队的对抗中取得了两场令人失望的平局，将直接晋级世界杯正赛的名额拱手让给了瑞士队，自己却落到参加附加赛的地步。

附加赛上，全场占据优势的意大利队围攻无果，反而在防守端出现纰漏，被弱旅北马其顿队在伤停补时阶段打进绝杀球，以0∶1的比分被淘汰出局。

虽然连续无缘两届世界杯，但曼奇尼率领的意大利队终归创造了全新的历史。

2022年夏天，南美洲-欧洲冠军杯这项古老的赛事被欧足联和南美足球联合会重新启动，作为2020欧洲杯冠军的意大利队应邀参赛，对阵2021年美洲杯冠军阿根廷队。

面对由利昂内尔·梅西所领衔的阿根廷队，意大利队没有展现出在2020欧洲杯上的表现，反倒展现了在2022年世界杯预选赛中的

第七章　黑暗与光明并行

表现。全场比赛，意大利队都不占优势，甚至在上半场就被对手攻进两球。

全场比赛结束时，意大利队以0∶3的比分完败于阿根廷队。

不过在2022—2023赛季的欧洲国家联赛上，意大利队倒是获得了小组第一名的成绩，从而再次获得了参加淘汰赛的资格。

然而在很大程度上，意大利队能够获得小组第一名的成绩的原因非常简单，因为同组的德国队和英格兰队都将重心放在了几个月之后将要开幕的世界杯上，至于另一个对手匈牙利队，实力终归有限。

到了半决赛，意大利队还是未能战胜西班牙队，结果和上一届几乎完全一样，意大利队最终在季军赛上获胜，获得了季军的成绩。

至于从2023年初开始的2024年欧洲杯预选赛，意大利队和英格兰队、乌克兰队、北马其顿队、马耳他队被分在一组，曼奇尼在带领意大利队在前两场比赛取得了1胜1负的战绩之后，选择了辞职。

从某种角度来说，曼奇尼的辞职并不出人意料。

在无缘2022年世界杯之后，已经不会再有多少人能想起意大利队在2021年夺得的欧洲杯冠军的成绩，外界和曼奇尼早已是相看两生厌，彼此都失去了信心，曼奇尼完成合同也就没有了意义。

意大利队

曼奇尼辞职之后，意大利足协选定了卢西亚诺·斯帕莱蒂作为意大利队的新帅。

成为意大利队新帅之前，斯帕莱蒂刚刚在2023年夏天带领那不勒斯队获得了意甲的冠军，这显然是一个能让意大利队球迷兴奋起来的人选。而在斯帕莱蒂接手之后，意大利队也在2024年欧洲杯预选赛剩下的6场比赛里，取得了3胜2平1负的战绩。

这个成绩当然算不上多好，但和曼奇尼时期的战绩相加，意大利队也获得了小组第二名的成绩，这让意大利队得以直接晋级2024年欧洲杯的正赛。

至于能否在2024年欧洲杯上取得好成绩，当然是斯帕莱蒂率领的意大利队需要回答的问题，但除了欧洲杯之外，更重要的还是2026年世界杯。

作为四届世界杯冠军得主，意大利队绝对不能连续无缘三届世界杯正赛，那将是彻头彻尾的灾难。

相较于足球本身，意大利队的问题其实关乎于整个社会。

从表面上来看，意大利队的问题是缺少优秀球员，和前辈相比，现在意大利队的球员都趋于普通，除了极个别的几名球员，大多数球员都难以在联赛的豪门球队立足。

这是根本问题。

第七章 黑暗与光明并行

然而，要解决这个根本问题，不仅仅是培养意大利本土球员的意大利足球人要努力，意大利社会也要予以更多的帮助和支持。和20世纪80年代的繁荣相比，现在的意甲不仅落于人后，甚至难以找到解决问题的办法。

本国的足球产业都在艰难维持，国家又不予以帮助和支持，那么不管是俱乐部培养球员的青训水平，还是愿意让孩子去踢球的家庭数量，都难以跟上其他国家的发展速度。

当英格兰的足球人在10多年前便开始为英格兰队的崛起奠定基础时，意大利还在持续内耗，内耗到国际米兰队和AC米兰队的主场改建方案至今还没有落地。

这样的状况，会影响到社会的方方面面，而足球只是最能直观地体现其中的混乱的一个载体而已。

纵使意大利队能够在欧洲杯闯进决赛、打碎英格兰队的夺冠梦想，但英格兰队在近几年的表现已经足够出色了，尤其是和两届无缘世界杯的意大利队相比，英格兰队的进步非常明显。

或许，在决赛中输给意大利队的英格兰队无法实现夺得国际大赛冠军的梦想，但英格兰的足球人已经找到了进步的路径，这总好过意大利足坛停滞不前的样子，这是意大利在解决足球的问题之前，首先要解决的社会问题。

意大利队

　　四届世界杯冠军是至高无上的荣耀,但对手想要迎头赶上,其实用不了多长时间,所以意大利足坛需要加油了。

经典瞬间

对于任何一支球队来说，在浩瀚的历史长河中，都会诞生很多的经典瞬间。这些瞬间，是球迷津津乐道的话题，也是球星绽放光彩的时刻。定格精彩的进球、争议的判罚、完美的配合、顽强的防守、伟大的扑救……珍藏这些难以忘怀的瞬间。

让世界心疼的背影

　　1994年世界杯决赛，意大利队与巴西队上演强强对话。两支此前都三次夺得过世界杯冠军的球队，在常规时间90分钟内和加时赛都没有取得进球。比赛进入到紧张刺激的点球大战。意大利队的巴雷西和达尼埃莱·马萨罗先后罚丢点球，巴乔第五轮出场，他罚出的球高出球门横梁，意大利队最终在点球大战中不敌巴西队。在巴西队疯狂庆祝的同时，镜头里巴乔忧郁的背影成为全世界意大利队球迷永恒的心碎回忆。

159

160

这就是"黑哨"

2002年世界杯1/8决赛，意大利队对阵东道主之一的韩国队，双方在常规时间内战成1∶1，只得进入加时赛。比赛第103分钟，托蒂带球突破时在禁区内摔倒，来自厄瓜多尔的主裁判拜伦·莫雷诺认为韩国队球员并没有碰到托蒂，他判罚托蒂假摔并向其出示黄牌。此前已经有一张黄牌在身的托蒂，累计两张黄牌被红牌罚下。以少打多的意大利队，在比赛第117分钟遭遇安贞焕的"金球"绝杀。这张颇具争议的红牌以及整场比赛的争议判罚，都让这场比赛的公平性饱受质疑。事后也证明，这场比赛就是不折不扣的"黑哨"。

伟大的左后卫

2006年世界杯1/8决赛,意大利队对阵澳大利亚队。比赛进行到第50分钟时,马特拉齐被红牌罚下,以少打多的意大利队在伤停补时阶段迎来了绝佳的机会。格罗索在左路突破后被澳大利亚队员放倒在禁区内,裁判果断地判罚了点球。托蒂一击即中,帮助意大利队绝杀澳大利亚队。这场比赛的绝杀,也在宣告着意大利队将在这届世界杯上大放异彩。

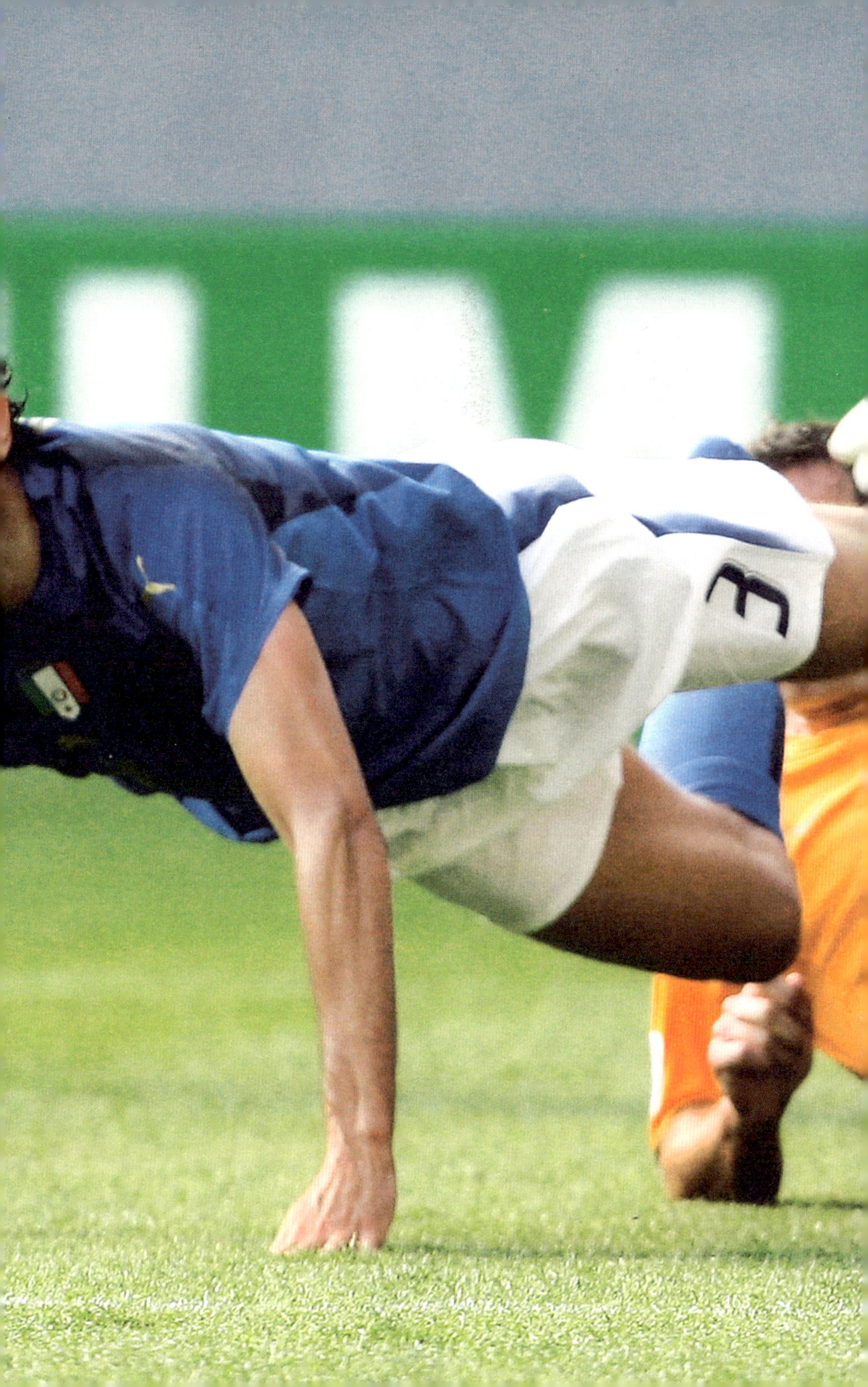

"圆月弯刀"送绝杀

2006年世界杯半决赛，意大利队对阵东道主德国队。两支欧洲豪强球队展开激战，双方战至加时赛。比赛第119分钟，格罗索觅得良机，他在禁区右侧送上一脚精妙绝伦的弧线球，球划出一道美妙的弧线，飞向德国队的球门。德国队门将延斯·莱曼将身体伸展到极限，依旧无法阻挡球飞入网窝。凭借格罗索这记"圆月弯刀"的神来之笔，意大利队绝杀德国队。最后时刻，德国队大举进攻，却又被皮耶罗抓住机会打入一球。意大利队以2：0淘汰德国队，挺进决赛。

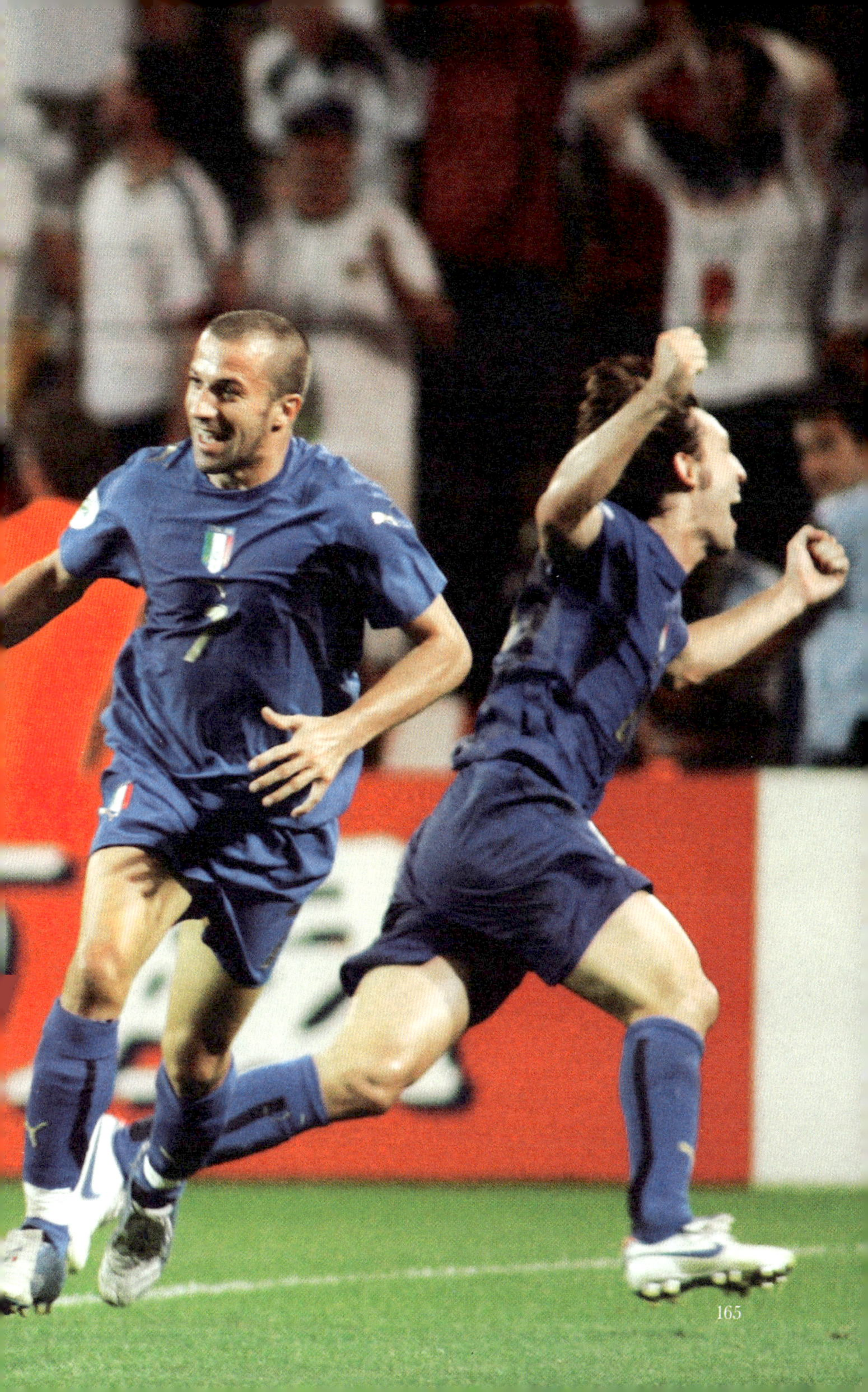

马特拉齐激怒齐达内

2006年世界杯决赛，意大利队和法国队在常规时间内以1∶1打平。加时赛中，齐达内与意大利队后卫马特拉齐发生言语冲突，被激怒的齐达内像一头愤怒的狮子，用头撞向马特拉齐的胸口，后者痛苦倒地，齐达内被红牌罚出场。齐达内在场边与大力神杯擦肩而过之时，似乎就暗示了法国队最终的命运。最终，意大利队在点球大战中战胜了法国队，捧起了大力神杯。

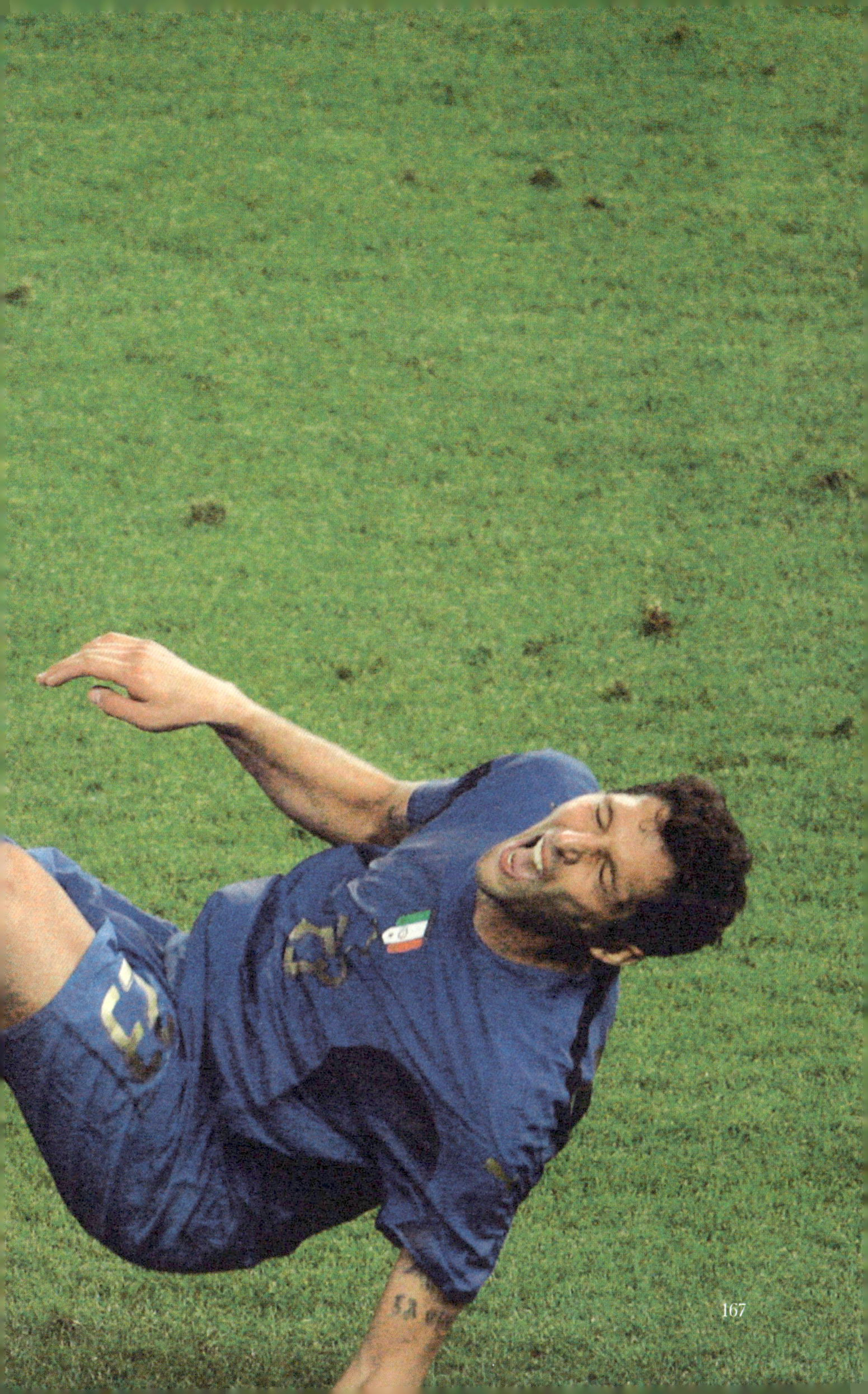

神奇的帽子戏法

1982年世界杯，意大利队在第一阶段的小组赛中踢得磕磕绊绊，以三战皆平的成绩艰难出线。第二阶段小组赛，意大利队面对在第一阶段三战全胜的巴西队，却不可思议地赢下了比赛。罗西在比赛开局就抓住了巴西队防守的漏洞，头球破门帮助意大利队取得领先。巴西队扳平比分之后，罗西又利用对手的防守失误，抢断后大力抽射梅开二度。巴西队在下半场再度扳平比分，随后罗西又在门前抓住机会，完成帽子戏法，帮助意大利队以3∶2战胜巴西队，也吹响了意大利队冲击冠军的号角。

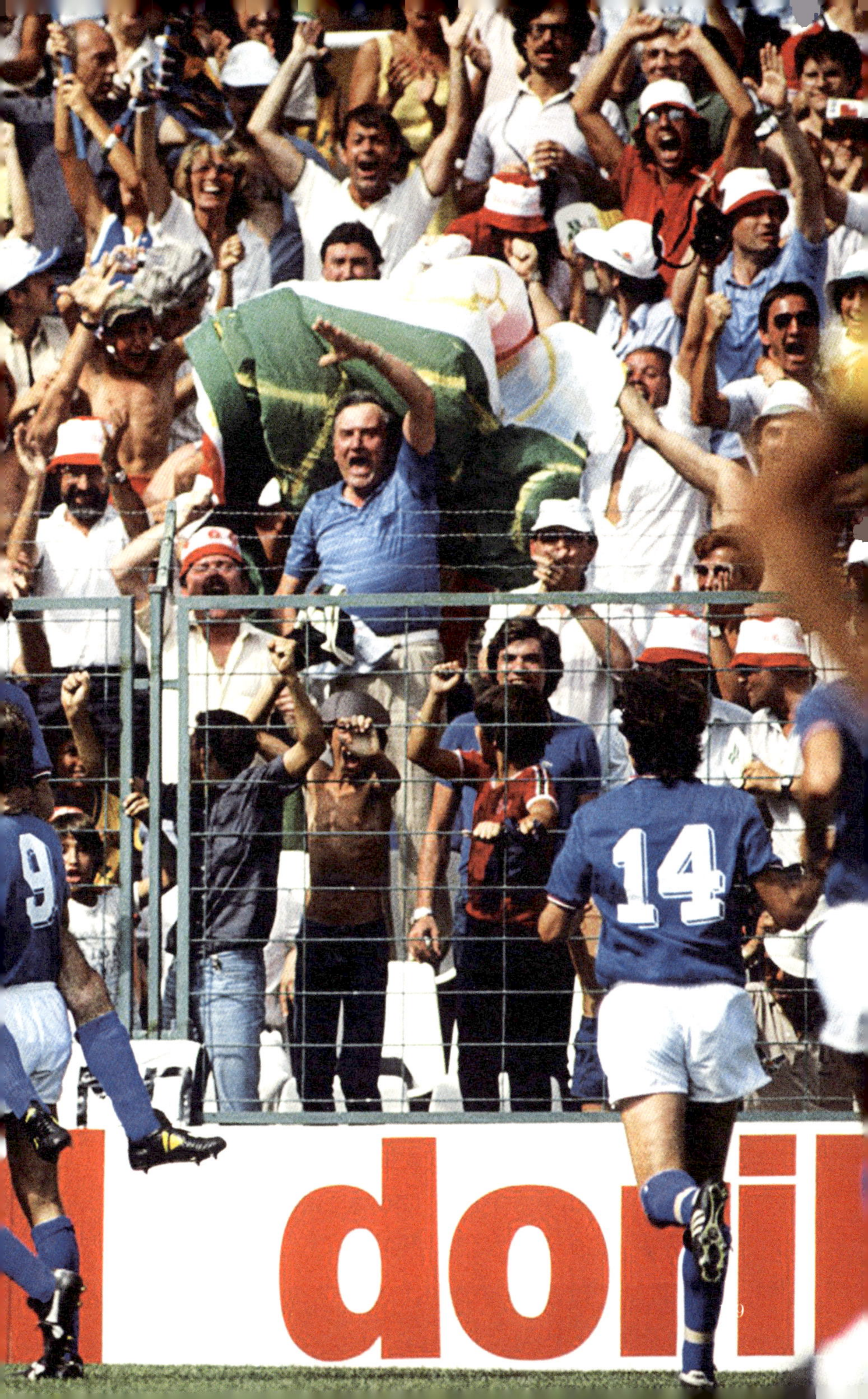
9
14
doni

"保卫地球"

　　1997年四国邀请赛，巴西队对阵意大利队，当时的"外星人"罗纳尔多正处在职业生涯的巅峰期。比赛第25分钟，罗纳尔多带球突破来到意大利队的禁区附近。面对风驰电掣的罗纳尔多，马尔蒂尼和卡纳瓦罗极其默契地做出了相同的决定，他们同时果断放铲，在两人的合力防守之下，罗纳尔多的进攻被破坏。"世纪双铲"从此成为足球世界的经典瞬间之一，并且由于防守的是"外星人"罗纳尔多，因此这个瞬间也被媒体戏称为"保卫地球"。

171

"思考人生"

2012年欧洲杯小组赛，意大利队对阵西班牙队。比赛第53分钟，巴洛特利在西班牙队的半场抢断塞尔吉奥·拉莫斯。面对绝佳的单刀球机会，巴洛特利却在带球突入对方禁区的过程中显得极其犹豫，动作也非常缓慢。最终，奋起回追的拉莫斯将球踢走，错失良机的巴洛特利跪在西班牙队的禁区，久久不愿起身。巴洛特利的这次表现，也被球迷调侃为正在"思考人生"。这场比赛双方最终握手言和，战成1∶1的平局。

基耶利尼遭"苏牙"攻击

  2014年世界杯小组赛,意大利队对阵乌拉圭队。比赛第78分钟,路易斯·苏亚雷斯在一次争抢过程中咬了基耶利尼一口。尽管基耶利尼疯狂抗议,并且将衣服领口拉开展示伤口,但当值主裁判没有任何判罚。最终,意大利队以0∶1告负,无缘淘汰赛。虽然苏亚雷斯逃过了当值主裁判的惩罚,但他还是遭到了国际足联的追罚。苏亚雷斯被禁赛9场,并且在4个月内禁止参加任何足球活动。

一战成名

　　1990年世界杯，萨尔瓦托雷·斯基拉奇演绎了一战成名的奇迹之旅。在斯基拉奇的整个职业生涯中，他只不过为意大利队打入7球，但其中有6球都诞生于1990年世界杯。斯基拉奇凭借打入6球的表现，收获了1990年世界杯的金靴奖。得益于他的发挥，意大利队闯入四强，斯基拉奇也成为当届世界杯金球奖得主。这位职业生涯履历都不算特别辉煌的球员，在1990年世界杯一战成名、大放异彩，达到了很多球员都望尘莫及的高度。

德罗西"怒喷"文图拉

2018年世界杯预选赛附加赛,意大利队在首回合以0∶1不敌瑞典队,第二回合比赛双方一直没有取得进球。下半场比赛开始后,意大利队主帅詹皮耶罗·文图拉要求替补席上的德罗西热身、准备上场,但德罗西对教练的做法非常不满意,他认为此时球队需要进球,换上以防守见长的自己没有任何作用,他要求主帅派前锋因西涅上场。最终,文图拉换上了攻击型球员费德里科·贝尔纳代斯基,但意大利队仍然无法攻破瑞典队的球门。两回合比赛瑞典队以总比分1∶0取胜,意大利队无缘2018年世界杯。

巴洛特利脱衣庆祝

　　2012年欧洲杯半决赛，意大利队对阵德国队。在这场比赛中，巴洛特利上演了生涯代表作。他在比赛中先是头球破门，随后又在禁区前用一脚重炮轰门锁定胜局，意大利队以2∶1淘汰德国队，在不被看好的情况下杀入决赛。打入第二球之后，巴洛特利非常兴奋，他脱掉球衣，面无表情地展示自己的肌肉，做出经典的庆祝动作。

177

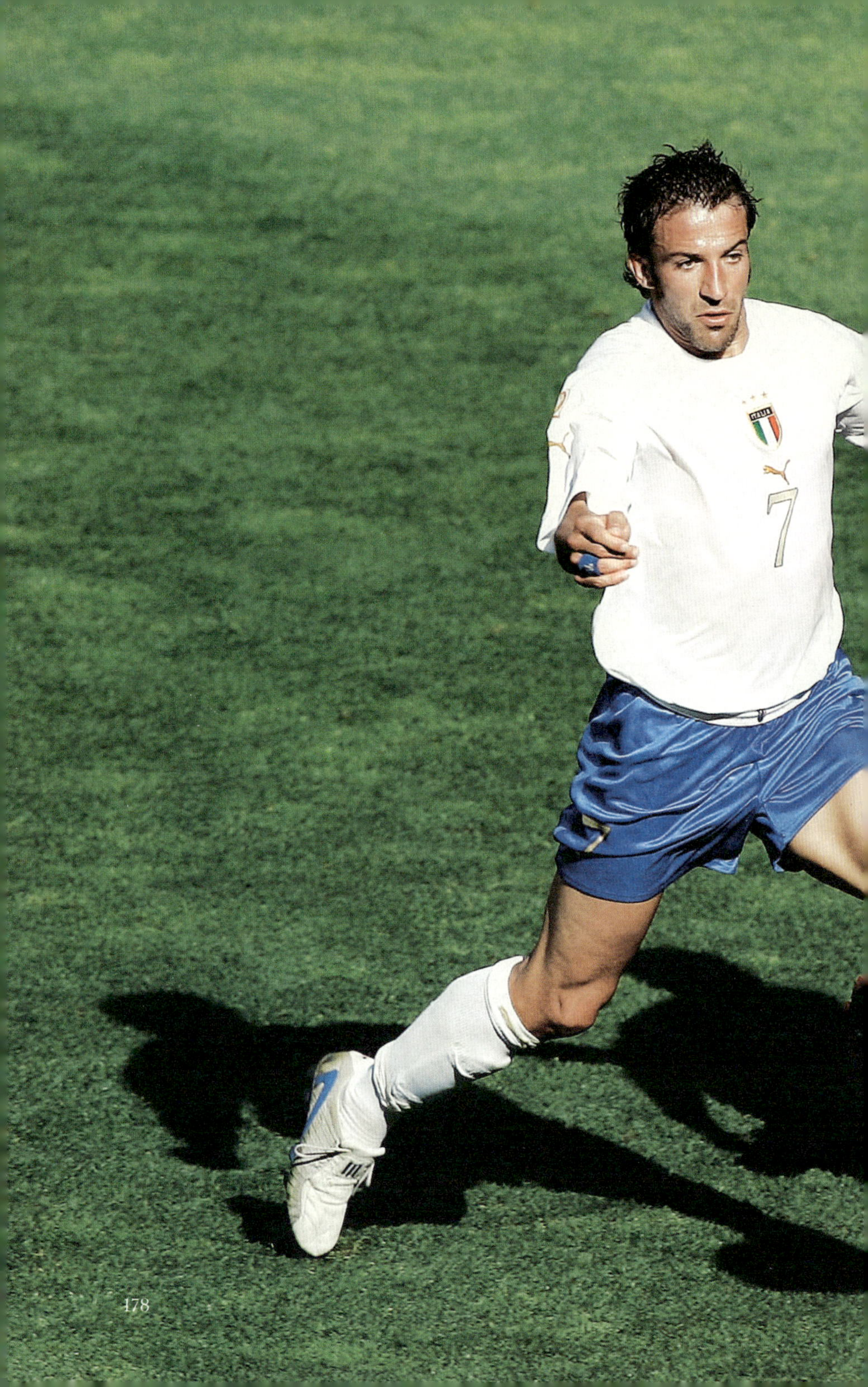
ITALIA
7

星光璀璨

姓名：亚历桑德罗·德尔·皮耶罗

出生日期：1974年11月9日

主要球衣号码：9号、14号、17号、16号、18号、11号、10号、7号、15号

国家队数据：91场27球

"斑马王子"

2006年世界杯半决赛，正当意大利队在德国队的反攻下陷入苦战之际，皮耶罗替补登场，他在自己专属的"皮耶罗区域"打进关键一球，护送意大利队进军决赛。2006年世界杯，在意大利队的夺冠之旅中，皮耶罗并不是主教练马尔切洛·里皮的首发人选，但皮耶罗兢兢业业地完成了主帅交给他的任务。对于皮耶罗深爱的尤文图斯队，他则付出了全部，哪怕尤文图斯队降级，皮耶罗也没有转身离去。无论首发与否，这份对球队的贡献与热爱，是皮耶罗职业生涯的最好注脚，他也是球迷心中永远深爱的"斑马王子"。

"狼王"

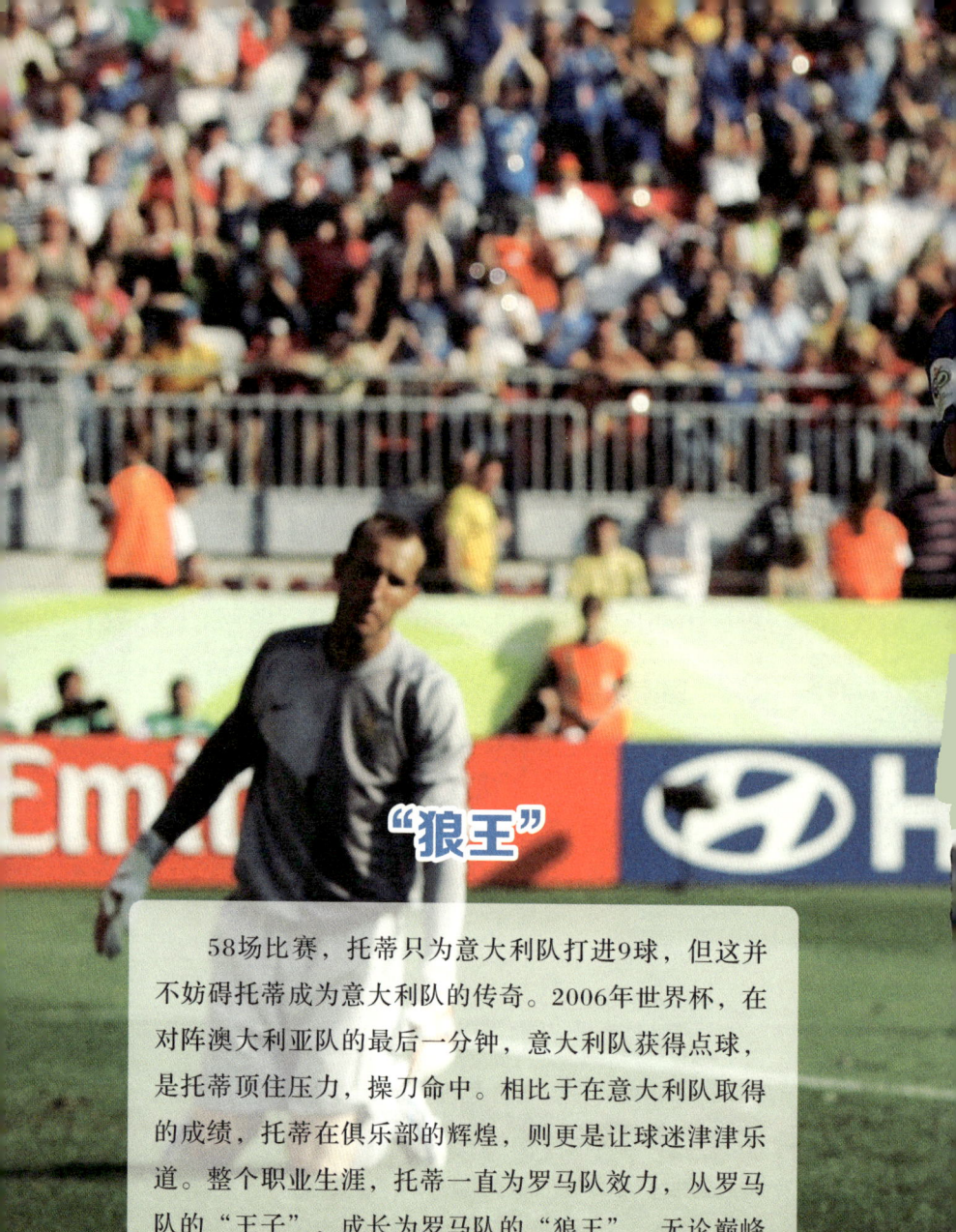

　　58场比赛，托蒂只为意大利队打进9球，但这并不妨碍托蒂成为意大利队的传奇。2006年世界杯，在对阵澳大利亚队的最后一分钟，意大利队获得点球，是托蒂顶住压力，操刀命中。相比于在意大利队取得的成绩，托蒂在俱乐部的辉煌，则更是让球迷津津乐道。整个职业生涯，托蒂一直为罗马队效力，从罗马队的"王子"，成长为罗马队的"狼王"，无论巅峰与低谷，他都守护着罗马队，他是罗马这个城市和罗马队这支球队的精神象征。

姓名：弗朗西斯科·托蒂

出生日期：1976年9月27日

主要球衣号码：17号、16号、20号、10号

国家队数据：58场9球

传奇射手王

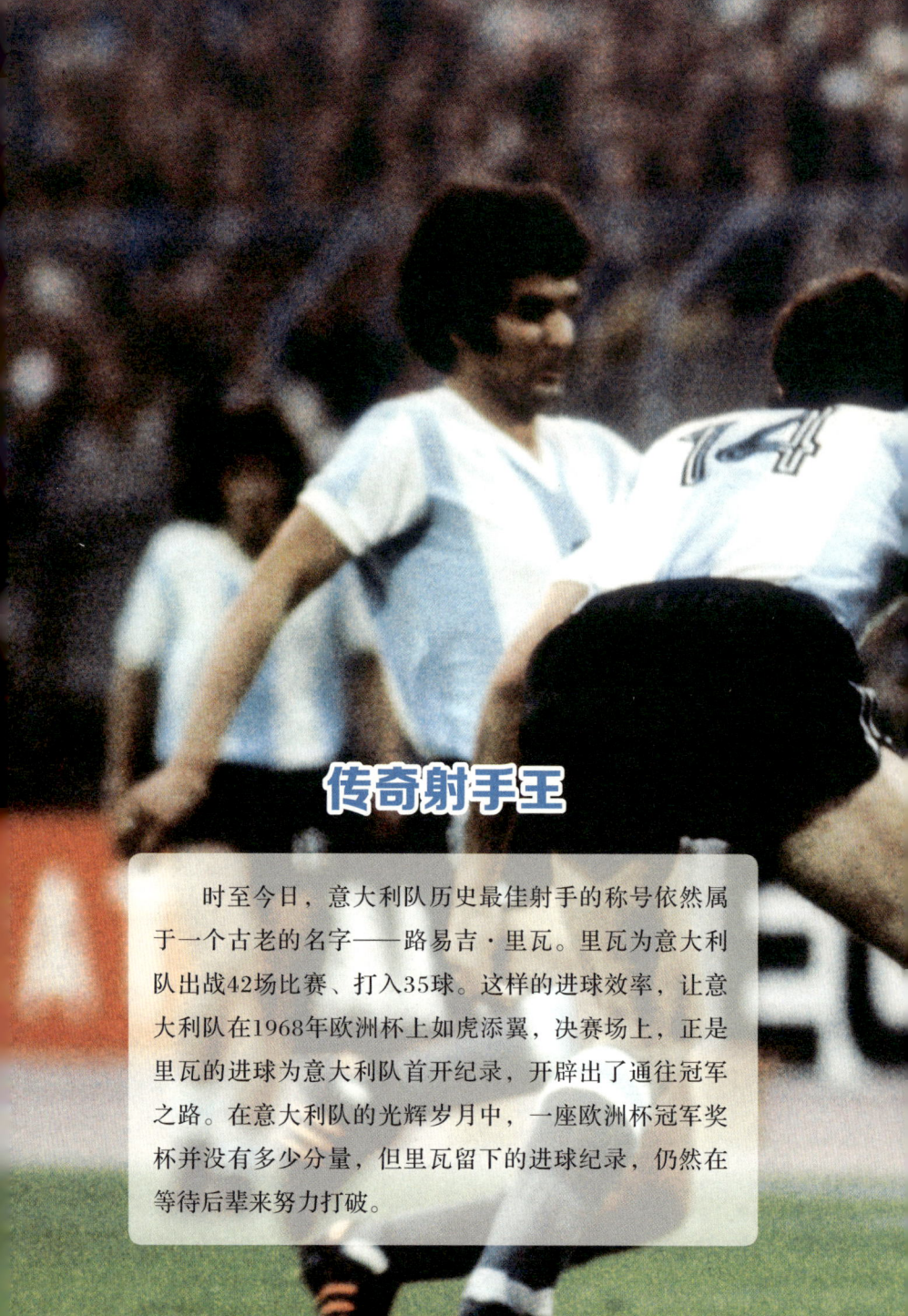

时至今日,意大利队历史最佳射手的称号依然属于一个古老的名字——路易吉·里瓦。里瓦为意大利队出战42场比赛、打入35球。这样的进球效率,让意大利队在1968年欧洲杯上如虎添翼,决赛场上,正是里瓦的进球为意大利队首开纪录,开辟出了通往冠军之路。在意大利队的光辉岁月中,一座欧洲杯冠军奖杯并没有多少分量,但里瓦留下的进球纪录,仍然在等待后辈来努力打破。

姓名：路易吉·里瓦

出生日期：1944年11月7日

主要球衣号码：11号、17号

国家队数据：42场35球

伟大的"门神"

　　意大利足球重视防守,所以意大利队尤其需要一位优秀的门将。1982年,40岁的佐夫再次站在了意大利队的球门前,他左扑右挡,表现得就像他在1968年帮助意大利队夺得欧洲杯冠军时一样出色。最终,在佐夫的保驾护航之下,意大利队闯过重重难关,最终击败了联邦德国队,第三次夺得世界杯冠军。退役之后,佐夫还转型成为教练,为20世纪末的意大利队带来了托蒂等全新面孔。佐夫为意大利队带来的贡献,不仅在球门之前。

姓名：迪诺·佐夫

出生日期：1942年2月28日

主要球衣号码：22号、12号、1号

国家队数据：112场

姓名：真纳罗·加图索

出生日期：1978年1月9日

主要球衣号码：16号、11号、4号、15号、8号

国家队数据：73场1球

球场硬汉

每一朵红花的灿烂，都需要绿叶来衬托；每一个战术核心，都需要一个打手来辅助，而加图索就是意大利队的打手。2006年世界杯，为了让皮尔洛可以纵情发挥，加图索承担起了防守的重任，他在场上不知疲倦地奔跑，从而成为意大利队战术上的平衡点。这一角色，加图索在俱乐部就已经非常熟悉，在AC米兰队夺得2002—2003赛季的欧冠冠军的征途中，他就充分发挥了平衡点的作用，于是在2006年世界杯，一切都水到渠成。

姓名：詹尼·里维拉

出生日期：1943年8月18日

主要球衣号码：19号、18号、14号、10号

国家队数据：60场14球

个人荣誉：1次金球奖

初代"金童"

在意大利队，能够制造进球的球员都极其宝贵，所以1969年的金球奖得主——詹尼·里维拉，是意大利队不可或缺的人才。1968年欧洲杯，里维拉用自己的创造力和想象力，为意大利队带来了冠军奖杯。在1968—1969赛季的欧冠赛场上，AC米兰队也因为里维拉而顺利夺冠。虽然里维拉只为意大利队出战了60场比赛，但因为他的存在，意大利队在20世纪60至70年代变得无比强大。

姓名：吉奥吉奥·基耶利尼

出生日期：1984年8月14日

主要球衣号码：4号、3号

国家队数据：117场8球

球场斗士

能够让乌拉圭队前锋苏亚雷斯气急败坏，施展出"咬人神功"，足以见得基耶利尼给他制造了多么大的麻烦。2014年世界杯，基耶利尼限制住了苏亚雷斯的发挥，让后者没能在他的身上占到丝毫的便宜，但这场比赛也是基耶利尼在世界杯赛场上的最后一舞。在他的职业生涯末段，意大利队走入低谷，连续无缘两届世界杯，但基耶利尼在2020欧洲杯上证明了，意大利队依然是一支顽强的球队。

姓名：克里斯蒂安·维埃里

出生日期：1973年7月12日

主要球衣号码：11号、21号、10号、9号

国家队数据：49场23球

足坛"浪子"

  1998年世界杯，打进4球的罗纳尔多吸引了全世界的目光，但在意大利队，打进5球的维埃里同样引人注目。前一年，维埃里才完成自己在意大利队的首秀，所以他在1998年世界杯上的表现让人非常惊讶。在争议颇多的2002年世界杯中，维埃里又打进4球。在他的整个职业生涯中，维埃里效力的球队遍布意大利各处，或许他在每一支球队都没有归属感，但他在每一支球队都留下了进球后的庆祝模样。

姓名：亚历山德罗·内斯塔

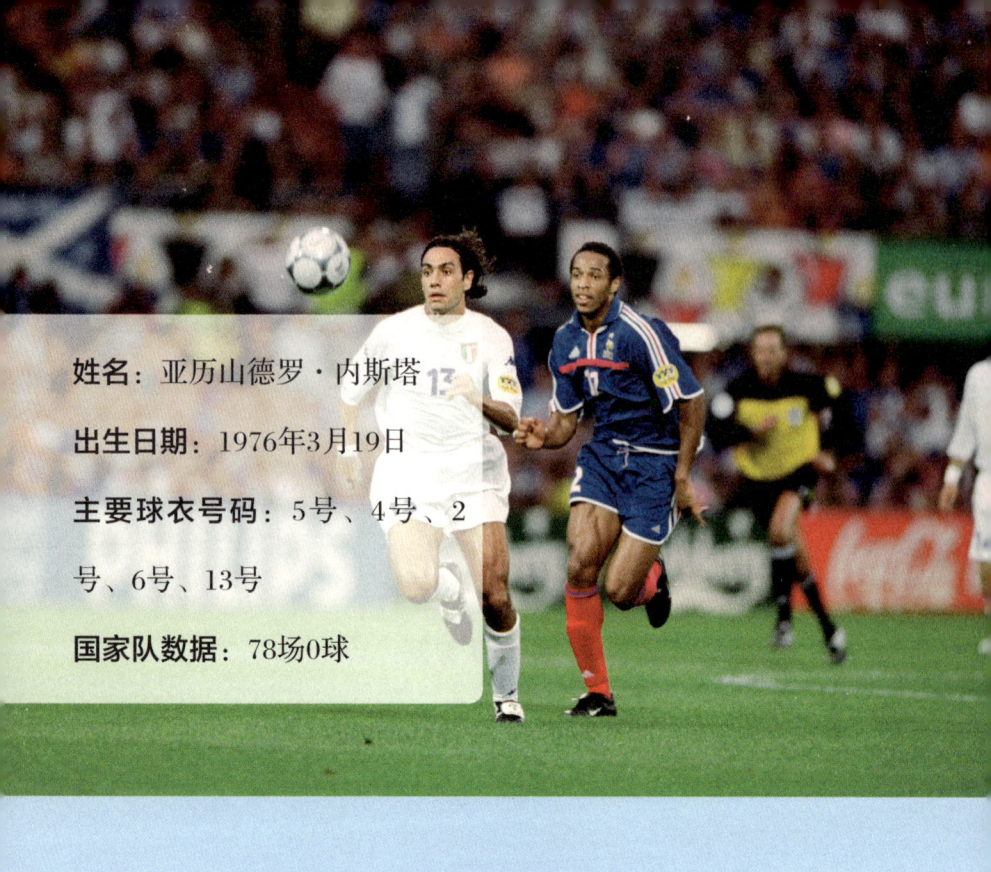

出生日期：1976年3月19日

主要球衣号码：5号、4号、2号、6号、13号

国家队数据：78场0球

优雅后卫

　　2000年欧洲杯，内斯塔打出了自己在意大利队中的最强表现，凭借出色的发挥，他帮助意大利队闯进决赛，自己也入选了当届欧洲杯的最佳阵容。可惜在世界杯的舞台上，内斯塔运气不佳。三次在小组赛阶段受伤，使他没能为意大利队保驾护航到最后一刻。不过，内斯塔的防守技巧、空中优势和阅读比赛的能力在俱乐部的赛场上还是得到了淋漓尽致的展现。在AC米兰队和意大利队的球迷眼中，他就是"世界第一中后卫"。

姓名：法比奥·格罗索

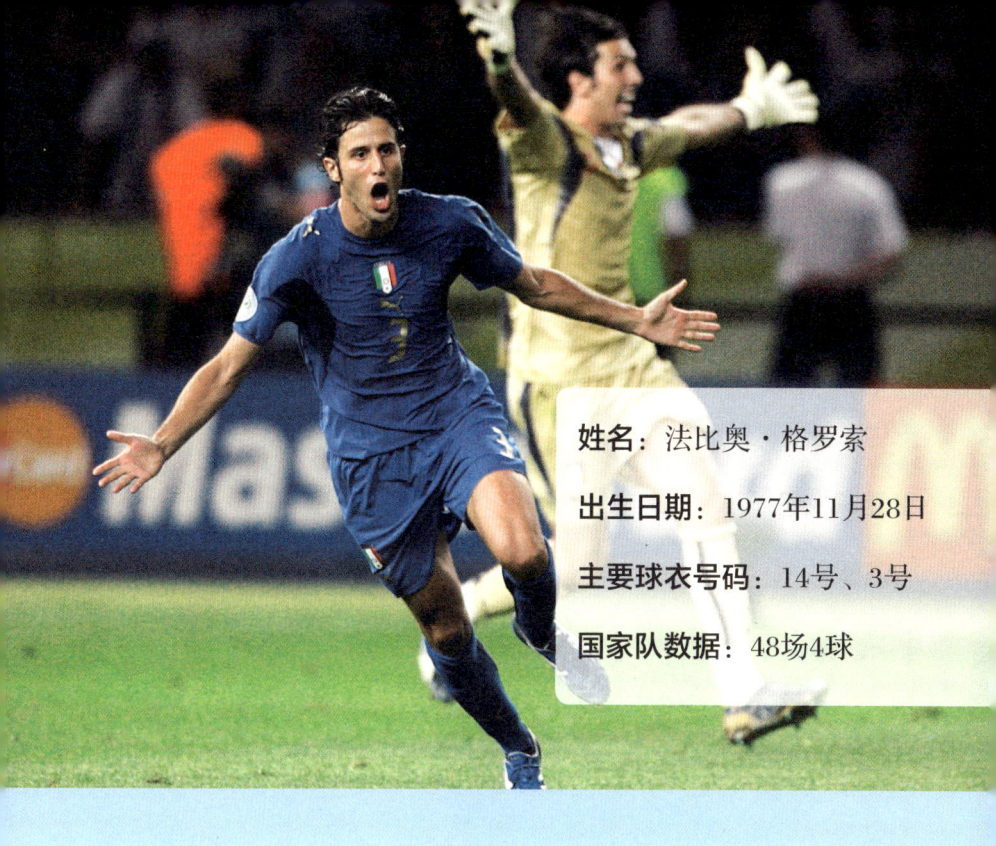

出生日期：1977年11月28日

主要球衣号码：14号、3号

国家队数据：48场4球

左后卫的传承

意大利队热衷钻研战术，喜欢用出其不意的方式击败对手，而这个出其不意的方式，就是左后卫进攻。2006年世界杯1/8决赛，就在少打一人的意大利队即将被澳大利亚队拖入加时赛的时候，左后卫格罗索突入禁区，制造了一个关键的点球；半决赛对阵德国队，也是在即将被对手拖入点球大战之际，格罗索打进一球，帮助意大利队取得了比赛的胜利。左后卫是意大利队最好的武器，2006年世界杯的格罗索就是最好的证明。

姓名：吉亚琴托·法切蒂

出生日期：1942年7月18日

主要球衣号码：6号、10号、3号

国家队数据：94场3球

第一个伟大的左后卫

20世纪60年代，意大利足球正处于战术的激烈交锋期，大多数比赛都很沉闷，但法切蒂在意甲中攻入了近60球，可是他并不是前锋或中场球员，而是一名左后卫。凭借法切蒂在攻防两端的优秀表现，意大利队在1968年获得了欧洲杯冠军。法切蒂效力的国际米兰队更是连续两个赛季夺得了欧冠冠军。从那时开始，法切蒂奠定了意大利队"伟大的左后卫"传统。

姓名：詹路易吉·唐纳鲁马

出生日期：1999年2月25日

主要球衣号码：12号、22号、20号、21号、1号

国家队数据：61场

"门神"的传承

2020欧洲杯决赛，唐纳鲁马站在球门前，"一夫当关，万夫莫开"，扑出了英格兰队的两个点球，帮助意大利队夺得了欧洲杯冠军。在那一刻，意大利"门神"的优良传统在他的身上得到了传承。1999年出生的唐纳鲁马在16岁时就完成了意甲首秀，很快就接替功勋门将布冯，成为意大利队的守护神。凭借在2020欧洲杯上的精彩表现，唐纳鲁马也荣获了2021年的雅辛奖。

姓名：奥马尔·西沃里

出生日期：1935年10月2日

主要球衣号码：10号

国家队数据：9场8球

个人荣誉：1次金球奖

效率之王

说到意大利队的历史射手王，当然非打进35球的里瓦莫属；但如果说到意大利队历史上进球效率最高的前锋，那么西沃里必定排得上号。作为一名出生在阿根廷的球员，西沃里从1961年4月开始代表意大利队比赛，还随队参加了1962年世界杯。在为意大利队出战的9场比赛里，西沃里打进8球，还送出1次助攻。虽然意大利队没能充分利用西沃里的能力，但他还是凭借自己的努力在尤文图斯队的历史上留下了浓墨重彩的一笔。

姓名：朱塞佩·梅阿查

出生日期：1910年8月23日

国家队数据：53场33球

意大利队灵魂

　　1934年世界杯，意大利队剑指冠军。在淘汰赛中，梅阿查两次为意大利队破门，让世界杯冠军第一次被意大利队揽入怀中。比赛结束之后，《米兰体育报》为其冠以了"意大利队灵魂"这样的称号。1938年世界杯，意大利队再次夺冠，梅阿查证明了这个称号并没有过誉。20世纪30年代，梅阿查是意大利足坛最闪耀的球星，如果不是第二次世界大战打断了世界足球的发展，意大利队势必可以在梅阿查的带领下创造更多的辉煌。

阿尔多·奥利维埃里　　阿尔弗雷德·弗尼

吉诺·科劳西　　皮埃特罗·拉瓦　　乌戈·洛卡特利

米歇尔·安德雷奥洛　　皮埃特罗·塞兰托尼　　希尔维奥·皮奥拉

朱塞佩·梅阿查　　乔瓦尼·费拉里　　阿梅多·比亚瓦蒂

迪诺·佐夫　　　　　塔尔西斯奥·布尔尼什

阿里斯蒂德·瓜尔内里

吉亚琴托·法切蒂　　　　桑德罗·萨尔瓦多雷

詹卡尔洛·德西斯蒂

罗伯托·罗萨托

桑德罗·马佐拉

路易吉·里瓦

安杰洛·多门吉尼

皮耶特罗·阿纳斯塔西

安东尼奥·卡布里尼

弗尔维奥·科洛瓦蒂

加塔诺·西雷阿

朱塞佩·贝尔戈米　　克劳迪奥·詹蒂莱

弗朗西斯科·格拉齐亚尼

弗朗哥·考西奥

亚历山德罗·阿尔托贝利

马尔科·塔尔德利

保罗·罗西

加布里埃莱·奥里亚利　　布鲁诺·孔蒂

法比奥·格罗索

詹路易吉·布冯

法比奥·卡纳瓦罗

马尔科·马特拉齐

詹卢卡·赞布罗塔　　　　达尼埃莱·德罗西

　　　　西蒙尼·佩罗塔　　　安德烈亚·皮尔洛
真纳罗·加图索

　　　　　　　　　亚历桑德罗·德尔·皮耶罗
毛罗·卡莫拉内西

　　　　　　　　　　　　　　卢卡·托尼
弗朗西斯科·托蒂　　温琴佐·亚昆塔

　　　　　　　　　　　　　　乔瓦尼·迪洛伦佐
詹路易吉·唐纳鲁马　埃默松·帕尔米耶里

吉奥吉奥·基耶利尼　　　亚历山德罗·弗洛伦齐

　　　　　　　　　莱奥纳尔多·博努奇
马尔科·维拉蒂

　　　　　曼努埃尔·洛卡特利　若日尼奥
尼科洛·巴雷拉
　　　　　　安德雷亚·贝洛蒂

布莱恩·克里斯坦特
　　　　　　　　　　　　多梅尼科·贝拉尔迪
洛伦佐·因西涅
　　　　　　奇罗·因莫比莱

费代里科·基耶萨　　　费德里科·贝尔纳代斯基

　　弗朗西斯科·托尔多　安东尼奥·迪纳塔莱

克劳迪奥·马尔基西奥　　保罗·马尔蒂尼

　　　　　弗朗哥·巴雷西

最佳阵容

主力阵容（"433"阵形）

门将：詹路易吉·布冯
后卫：保罗·马尔蒂尼、法比奥·卡纳瓦罗、弗朗哥·巴雷西、克劳迪奥·詹蒂莱
中场：安德烈亚·皮尔洛、马尔科·塔尔德利、詹尼·里维拉
前锋：保罗·罗西、罗伯托·巴乔、朱塞佩·梅阿查

替补阵容（"433"阵形）

门将：迪诺·佐夫
后卫：吉亚琴托·法切蒂、加塔诺·西雷阿、亚历山德罗·内斯塔、詹卢卡·赞布罗塔
中场：桑德罗·马佐拉、罗伯托·多纳多尼、亚历桑德罗·德尔·皮耶罗
前锋：弗朗西斯科·托蒂、路易吉·里瓦、希尔维奥·皮奥拉

注：以上阵容通过多方数据参考得出，具有主观性，仅供阅读。

历任主帅及战绩

姓名	国家/地区	上任时间	离任时间	执教总场数	执教胜场数	执教平局场数	执教负场数
卢西亚诺·斯帕莱蒂	意大利	2023年9月1日	-	8	5	2	1
罗伯托·曼奇尼	意大利	2018年5月14日	2023年8月13日	61	39	13	9
路易吉·迪比亚吉奥	意大利	2018年2月2日	2018年3月30日	2	0	1	1
詹皮耶罗·文图拉	意大利	2016年7月19日	2017年11月15日	16	9	4	3
安东尼奥·孔蒂	意大利	2014年8月19日	2016年6月30日	24	14	6	4
切萨雷·普兰德利	意大利	2010年7月1日	2014年6月24日	56	25	17	14
马尔切洛·里皮	意大利	2008年7月1日	2010年6月30日	27	11	11	5
罗伯托·多纳多尼	意大利	2006年7月13日	2008年6月26日	23	13	4	6
马尔切洛·里皮	意大利	2004年7月1日	2006年7月12日	29	18	9	2
乔瓦尼·特拉帕托尼	意大利	2000年7月5日	2004年6月30日	44	25	12	7
迪诺·佐夫	意大利	1998年7月31日	2000年7月4日	23	12	6	5
切萨雷·马尔蒂尼	意大利	1997年1月22日	1998年7月30日	20	10	7	3
阿里戈·萨基	意大利	1991年10月31日	1996年10月31日	52	34	10	8
阿泽利奥·维奇尼	意大利	1986年9月30日	1991年9月30日	53	33	12	8
恩佐·贝阿尔佐特	意大利	1977年9月30日	1986年6月18日	88	40	25	23
弗尔维奥·贝纳尔蒂尼	意大利	1974年9月28日	1977年6月8日	10	3	4	3
费鲁乔·瓦尔卡雷吉	意大利	1966年7月1日	1974年6月30日	56	29	21	6
埃德蒙多·法布里	意大利	1962年7月1日	1966年6月30日	26	17	6	3
保罗·马扎	意大利	1962年3月8日	1962年6月30日	3	1	1	1
乔瓦尼·费拉里	意大利	1960年12月9日	1961年11月4日	6	4	0	2
阿尔弗雷德·弗尼	意大利	1954年12月5日	1958年3月23日	19	9	2	8
拉约斯·策兹勒	匈牙利	1953年11月10日	1954年6月23日	7	5	0	2
皮尔卡洛·贝雷塔	意大利	1951年11月27日	1953年5月18日	6	1	2	3
安东尼奥·布斯尼	意大利	1951年4月7日	1951年11月26日	1	0	0	1
费卢奇奥·诺沃	意大利	1949年2月27日	1950年7月3日	9	5	1	3
维多利奥·波佐	意大利	1929年12月1日	1948年8月5日	87	60	16	11
卡尔罗·卡尔卡诺	意大利	1928年10月10日	1929年4月30日	6	3	1	2
奥古斯托·兰戈内	意大利	1924年11月1日	1928年6月30日	30	14	8	8
朱塞佩·米兰诺	意大利	1924年7月1日	1925年6月30日	0	0	0	0
维奇里奥·波佐	意大利	1924年3月9日	1924年6月2日	5	2	1	2
翁贝托·梅亚扎	意大利	1922年8月27日	1924年1月21日	6	1	3	2
尼诺·雷塞戈蒂	意大利	1921年11月1日	1922年5月30日	4	2	0	2
维托里奥·波佐	意大利	1921年2月20日	1921年3月6日	2	2	0	0
朱塞佩·米兰诺	意大利	1919年7月1日	1920年6月30日	4	2	0	2
尼诺·雷塞戈蒂	意大利	1914年1月1日	1915年2月1日	0	0	0	0
维托里奥·波佐	意大利	1912年6月29日	1912年7月1日	2	1	0	1
翁贝托·梅亚扎	意大利	1910年5月10日	1914年5月18日	15	4	4	7

历届大赛成绩

时间	赛事名称	举办地	最终排名	备注
1930年	世界杯	乌拉圭	–	未参赛
1934年	世界杯	意大利	冠军	
1938年	世界杯	法国	冠军	
1950年	世界杯	巴西	第7名	小组赛出局
1954年	世界杯	瑞士	第10名	小组赛出局
1958年	世界杯	瑞典	–	未晋级决赛圈
1960年	欧洲杯	法国	–	未参赛
1962年	世界杯	智利	第9名	小组赛出局
1964年	欧洲杯	西班牙	–	未晋级决赛圈
1966年	世界杯	英格兰	第9名	小组赛出局
1968年	欧洲杯	意大利	冠军	
1970年	世界杯	墨西哥	亚军	
1972年	欧洲杯	比利时	–	未晋级决赛圈
1974年	世界杯	联邦德国	第10名	小组赛出局
1976年	欧洲杯	南斯拉夫	–	未晋级决赛圈
1978年	世界杯	阿根廷	第4名	
1980年	欧洲杯	意大利	第4名	
1982年	世界杯	西班牙	冠军	
1984年	欧洲杯	法国	–	未晋级决赛圈
1986年	世界杯	墨西哥	第12名	1/8决赛出局
1988年	欧洲杯	联邦德国	季军	
1990年	世界杯	意大利	季军	

续表

时间	赛事名称	举办地	最终排名	备注
1992年	欧洲杯	瑞典	–	未晋级决赛圈
1994年	世界杯	美国	亚军	
1996年	欧洲杯	英格兰	第10名	小组赛出局
1998年	世界杯	法国	第5名	1/4决赛出局
2000年	欧洲杯	荷兰、比利时	亚军	
2002年	世界杯	韩国、日本	第15名	1/4决赛出局
2004年	欧洲杯	葡萄牙	第9名	小组赛出局
2006年	世界杯	德国	冠军	
2008年	欧洲杯	奥地利、瑞士	第8名	1/4决赛出局
2009年	联合会杯	南非	第5名	小组赛出局
2010年	世界杯	南非	第26名	小组赛出局
2012年	欧洲杯	波兰、乌克兰	亚军	
2013年	联合会杯	巴西	季军	
2014年	世界杯	巴西	第22名	小组赛出局
2016年	欧洲杯	法国	第6名	1/4决赛出局
2018年	世界杯	俄罗斯	–	未晋级决赛圈
2018—2019赛季	欧洲国家联赛	–	第8名	小组排名第2名
2020*	欧洲杯	无主办国巡回赛	冠军	
2020—2021赛季	欧洲国家联赛	–	季军	
2022年	世界杯	卡塔尔	–	未晋级决赛圈
2022—2023赛季	欧洲国家联赛	–	季军	

注：2020欧洲杯在2021年举行，官方仍将其称为2020欧洲杯。

历史出场榜

排名	姓名	出场数
1	詹路易吉·布冯	176
2	法比奥·卡纳瓦罗	136
3	保罗·马尔蒂尼	126
4	莱奥纳尔多·博努奇*	121
5	达尼埃莱·德罗西	117
5	吉奥吉奥·基耶利尼	117
7	安德烈亚·皮尔洛	116
8	迪诺·佐夫	112
9	詹卢卡·赞布罗塔	98
10	吉亚琴托·法切蒂	94
11	亚历桑德罗·德尔·皮耶罗	91
12	马尔科·塔尔德利	81
12	朱塞佩·贝尔戈米	81
12	弗朗哥·巴雷西	81
15	德梅特里奥·阿尔贝蒂尼	79
16	加塔诺·西雷阿	78
16	亚历山德罗·内斯塔	78
18	安东尼奥·卡布里尼	73
18	詹卡洛·安东尼奥尼	73
18	真纳罗·加图索	73
18	安德雷亚·巴尔扎利	73

注:标注*的为现役球员。

历史进球榜

排名	姓名	进球数
1	路易吉·里瓦	35
2	朱塞佩·梅阿查	33
3	希尔维奥·皮奥拉	30
4	罗伯托·巴乔	27
4	亚历桑德罗·德尔·皮耶罗	27
6	阿道夫·巴隆切里	25
6	菲利波·因扎吉	25
6	亚历山德罗·阿尔托贝利	25
9	克里斯蒂安·维埃里	23
9	弗朗西斯科·格拉齐亚尼	23
11	桑德罗·马佐拉	22
12	达尼埃莱·德罗西	21
13	保罗·罗西	20
14	罗伯托·贝特加	19
14	阿尔贝托·吉拉迪诺	19
16	奇罗·因莫比莱*	17
17	卢卡·托尼	16
17	詹卢卡·维亚利	16
19	胡里奥·利博纳蒂	15
19	安格洛·斯奇亚维奥	15
19	吉诺·科劳西	15

注：1.标注*的为现役球员。
2.本书所有数据截至2024年4月30日。

图书在版编目（CIP）数据

意大利队 / 流年编著 . -- 北京 : 北京时代华文书局 , 2024.5
ISBN 978-7-5699-5463-0

Ⅰ.①意… Ⅱ.①流… Ⅲ.①足球运动－体育运动史－意大利 Ⅳ.① G843.954.6

中国国家版本馆 CIP 数据核字 (2024) 第 075877 号

YIDALIDUI

| 出 版 人：陈　涛
| 选题策划：董振伟　直笔体育
| 责任编辑：马彰羚
| 执行编辑：孙沛源
| 装帧设计：严　一　弓伟龙
| 责任印制：訾　敬

出版发行：北京时代华文书局 http://www.bjsdsj.com.cn
　　　　　北京市东城区安定门外大街 138 号皇城国际大厦 A 座 8 层
　　　　　邮编：100011　电话：010-64263661　64261528

印　　刷：河北京平诚乾印刷有限公司	
开　　本：880 mm×1230 mm　1/32	成品尺寸：145 mm×210 mm
印　　张：6.5	字　　数：129 千字
版　　次：2024 年 5 月第 1 版	印　　次：2024 年 5 月第 1 次印刷
定　　价：68.00 元	

本书图片由视觉中国提供。
版权所有，侵权必究
本书如有印刷、装订等质量问题，本社负责调换，电话：010-64267955。